数智化幼儿园

基于数字化和智能化的幼儿园转型与实践

王石 ◎ 著

中华工商联合出版社

图书在版编目(CIP)数据

数智化幼儿园：基于数字化和智能化的幼儿园转型与实践 / 王石著. -- 北京：中华工商联合出版社，2022.8

ISBN 978-7-5158-3539-6

Ⅰ.①数… Ⅱ.①王… Ⅲ.①智能技术－应用－幼儿园－管理 Ⅳ.①G617-39

中国版本图书馆CIP数据核字（2022）第158737号

数智化幼儿园：基于数字化和智能化的幼儿园转型与实践

作　　者：	王　石
出品人：	李　梁
责任编辑：	胡小英
装帧设计：	金　刚
排版设计：	水日方设计
责任审读：	付德华
责任印制：	迈致红
出版发行：	中华工商联合出版社有限责任公司
印　　刷：	文畅阁印刷有限公司
版　　次：	2022年9月第1版
印　　次：	2022年9月第1次印刷
开　　本：	710mm×1020mm　1/16
字　　数：	150千字
印　　张：	14
书　　号：	ISBN 978-7-5158-3539-6
定　　价：	58.00元

服务热线：010－58301130－0（前台）
销售热线：010－58302977（网店部）
　　　　　010－58302166（门店部）
　　　　　010－58302837（馆配部、新媒体部）
　　　　　010－58302813（团购部）
地址邮编：北京市西城区西环广场A座
　　　　　19－20层，100044
http://www.chgslcbs.cn
投稿热线：010－58302907（总编室）
投稿邮箱：1621239583@qq.com

工商联版图书
版权所有　侵权必究

凡本社图书出现印装质量问题，请与印务部联系。
联系电话：010－58302915

自序
PREFACE

幼儿园管理是一个常谈常新的话题，市场上关于幼教的书籍可谓汗牛充栋，也为幼儿园的常规工作提供了有价值的参考。但是，随着时代的发展、科技的进步，幼教领域已经发生了很大的变化。尤其是在互联网时代，由于信息技术的发展，我们今天习以为常的幼儿园工作学习生活正在发生翻天覆地的变化。幼儿园如果还是只专注传统的管理方式方法，埋头于事务和经验之中，必将落后于时代，无法满足社会对优质学前教育的期盼。

随着人工智能逐渐走入教育领域，机器学习，特别是教育机器人的诞生，给学习者带来了新的体验。它以激发学习者学习兴趣、培养其综合素养为目标，集合学习者实际情况诊断问题、设计课程、开展教学活动，教育机器人中装有相关的控制软件和学习资源，使用者可以根据自己的学习需求自由选择，协助教师更好地完成教育教学任务，无疑会成为教师的得力助手。目前国内多家幼儿园已经引进机器人"小助教"，使用效果可圈可点，就像计算机普及一样，人工智能走进教育领域已成为必然的趋势。

幼儿园引进教育机器人，借助其强大的表现力和互动能力，丰富教学形式和内容，必然能够提高幼儿的探究与学习兴趣，想象与创造的能力以及为其终身学习发展做好充分准备。

不只是教育机器人的应用，大数据、网联网、VR技术、数字化的发展，还把全景教学、智能防疫消毒系统、智能晨午检系统、食品安全追溯系统、智慧餐厅等带进了幼儿园。这些新技术、新发明的应用，必将引发幼教领域的改变，它可以让教师从烦琐、重复性的事务工作中解脱出来，将更多精力放在幼儿的培养教育中。

面对人工智能带给幼教领域的变革，或许会令一些幼儿园管理者感到困惑和彷徨。但科技的进步正在悄悄渗透到我们生活的方方面面，幼儿园的教育和管理也必将实现数字化，这是必然趋势。

本书打破传统意义上的幼儿园教育及管理方式方法的介绍，着眼于人工智能、大数据、物联网、VR技术等在幼教领域的发展与应用，从幼教转型之路、保教队伍建设、人工智能对幼教领域的影响和AI/VR/AR技术的应用等方面介绍新科技在幼教领域的应用成果及发展趋势。书中列举了人工智能、大数据、物联网、VR技术、AR技术等的应用场景及相关幼儿园的应用成果，以期让幼儿园管理者了解新技术的发展趋势，做好知识技能储备，积极应对幼儿园的管理变革。本书适合幼儿园园长、教师和教育行政管理人员，以及关心学前教育发展趋势的社会人员阅读。笔者在写作过程中参考、引用了许多专家学者的研究成果和文献著作，感谢这些引领者，向你们致敬。在本书的写作过程中，北京小方桌教育科技有限公司胡钢先生、北京卫戍区第一幼儿园段春梅园长、北京卫戍区第二幼儿园余文革园长、成都七中八一学校幼儿园薛敏园长、中国人民解放军31679部队幼儿园徐梅园长、北京市朝阳区春宇幼儿园的钱健园长都给予笔者无私的帮助，并鼓励笔者要敢于尝试，游刃有余地赋能幼教的今天和明天，在此向你们表示最衷心的谢意！

王 石

目录 CONTENTS

第1章　数智化：为幼儿教育打开智慧大门

1.1　数智化幼儿园应运而生　　003
1.2　数字化转型带动学前教育变革　　006
1.3　从传统幼儿园到数智化幼儿园　　018

第2章　教学：科技带来无限可能

2.1　打造智能化的"未来教室"　　025
　　2.1.1　什么是"未来教室"　　025
　　2.1.2　如何打造"未来教室"　　027
　　2.1.3　先进行业者的实践　　029
2.2　课程活动更加精彩　　033
　　2.2.1　利用科技手段培养孩子语言能力　　033
　　2.2.2　智能设备辅助体能锻炼　　041
　　2.2.3　科技让美术教育更鲜活　　043

2.2.4　基于VR技术的全景教学　　　　　　　　　　045
  2.2.5　利用VR设备参加线上户外活动　　　　　　047
  2.2.6　VR技术在幼儿园区域游戏中的应用　　　　050
  2.2.7　AR技术带给幼儿互动学习新体验　　　　　054
 2.3　融入STEAM教育理念的数智化课程　　　　　　　060
  2.3.1　"晴雨花"萌发幼儿科学探究兴趣　　　　　061
  2.3.2　"老狼的钟表店"引导幼儿认识时间　　　　063
  2.3.3　帮助幼儿在"造车"中掌握汽车结构　　　　066
  2.3.4　有趣的"笼中鸟"　　　　　　　　　　　　070
  2.3.5　让数学不再枯燥　　　　　　　　　　　　　073

第3章　膳食管理：让科技守护孩子

 3.1　智能防疫消毒：采用PLC控制幼儿园消毒系统　　　081
  3.1.1　智能消毒机器人　　　　　　　　　　　　　081
  3.1.2　无接触远程智能消毒垃圾桶　　　　　　　　083
  3.1.3　智能消毒柜　　　　　　　　　　　　　　　084
 3.2　食品安全保障：数字化技术应对食品安全问题　　　087
  3.2.1　食品安全追溯系统　　　　　　　　　　　　087
  3.2.2　食品安全教育　　　　　　　　　　　　　　089
 3.3　饮食营养均衡：利用大数据营养配餐，精准饮食　　092
  3.3.1　幼儿园膳食营养健康教育　　　　　　　　　092
  3.3.2　建立儿童营养配餐系统　　　　　　　　　　095

3.4 幼儿健康评测：实时记录幼儿成长数据　　098
  3.4.1 幼儿成长数据自动采集技术　　098
  3.4.2 幼儿成长数据可视化呈现　　100

第4章　安全：科技赋能防护新模式

4.1 人身安全：智能穿戴、智能家居获取幼儿的实时数据　　109
  4.1.1 智能消毒喷雾手环，避免病毒传播　　109
  4.1.2 GPS智能穿戴设备　　110
  4.1.3 智能穿戴设备的未来　　112

4.2 幼儿园安全：基于数字化技术构建幼儿园安全管理系统　　116
  4.2.1 智能幼儿园园内安全监护系统　　116
  4.2.2 幼儿园安全管理一体化系统　　119

4.3 晨午检系统：及时发现幼儿安全隐患　　124
  4.3.1 打造幼儿园晨午检系统的意义　　124
  4.3.2 幼儿园晨午检智能机器人的应用　　128

第5章　家园共育：基于互通互联视角的"软实力"提升

5.1 利用网络平台，共建互动桥梁　　133
5.2 打造面向共享平台的幼儿园管理系统　　140
5.3 探索大数据下幼儿家园共育模式创新　　147

第6章 日常管理：逐步建成智能幼儿园

6.1 新科技成为教师的得力助手　　161

6.2 人工智能助力减负增效　　164

6.3 人工智能与学前教学的融合路径　　168

6.4 智能幼儿园需要新科技手段保障　　172

第7章 教师培训：科技是手段，人才是根本

7.1 招人：基于人工智能的招聘体系　　179

7.2 育人：幼儿园教师培训支持体系　　183

　　7.2.1 幼儿教师数字化水平提升　　183

　　7.2.2 幼儿教师专业能力素养建构　　189

　　7.2.3 幼儿教师信息素养的培养　　192

7.3 用人：建立以人为本的用人机制　　198

7.4 留人：拴心留人，实现成长增值　　204

参考文献　　211

第 1 章

数智化：
为幼儿教育打开智慧大门

在全球数字化迅猛发展的大背景下，数智化幼儿园的建设已经成为教育发展的大势所趋，而幼儿园如何在园务管理、保育教育、课程活动资源建设、校园安全、膳食营养健康及家园共育等方面深入推进智能化转变，将会成为大家面临的一个新挑战。数字化信息技术具有重塑教育环境、更新学习范式、激发创新活力、改变人力结构的特点，把先进的数字化技术应用于幼儿园全面建设工作中，将加快传统教育理念、教育方式及管理模式的变革，使得资源管理智能化、教育模式先进化、管理效能显著化，积极推进新时代数智化幼儿园高品质建设进程。

1.1 数智化幼儿园应运而生

我国教育部于2018年4月13日发布了《教育信息化2.0行动计划》，由此可见，幼儿园的数字化时代到来了，由于科技进步，幼儿园数字化改造已经提上议事日程，在幼儿园的教学活动中，应该告别过去传统的教育方式，逐渐让数字化教学手段走入孩子们的教学活动，这种时代的呼声体现在以下几方面。

首先是幼儿园数字化改造是广大家长的心声。据2021年全国教育事业统计结果分析：2021年全国共有29.48万所幼儿园，园所数量较上年增长3000余所，在国家政策的鼓励下，幼儿园不仅在数量上有所增加，同时在幼儿园数字化应用方面也有所提升，创办优质的幼儿园，以满足家长对于优质教育的需求，已经成为幼儿园进一步发展的方向。

其次是科技进步催生数智化幼儿园。数字化技术已经在各行各业得到应用，随着数字化技术不断进步，让数字化技术的应用变得越来越丰富。科技改变生活，同时科技也在改变教育，这种改变延伸到幼儿教育中，数字化技术将让孩子们的教学活动变得更加生动和立体，它将打破传统的教学模式，原来的一张图片、一套积木、一块白板的教学道具已经被淘汰了，取而代之的是新的科技手段，比如我们可以用多媒体软件代替图片，用AI技术代替积木，用VR技术代替白板，将声、光、电结合起来，为孩子们营造更加生动的教学效果，让幼儿园的教育环境进入一个数字化的全新时代，让孩子足不出户即可跨越地域和时空去学习更多的知识，获得更多的感官体验。

最后就是数字化教学手段更容易让幼儿接受新知识。在幼儿园课程活动中，巧妙合理地运用数字化技术辅助教学，化抽象为具体、由静变动、化虚为实，让幼儿在流畅、轻松的声像影营造的立体而丰富的环境中自由地畅想和表达，为孩子们创设深度学习的良好氛围。

数字化技术应用于幼儿园教学为幼儿的发展提供了更多可能，孩子们的活动视野不再局限于"围墙内的幼儿园"，他们的玩教具也不仅仅是常见的娃娃、积木、小汽车等"老几样"，VR、AR、MR等高科技融入于活动课程中，因此，很多幼儿园开始尝试建设数智化幼儿园，也取得了一定的成效，这是一个新兴的事业，需要国家、幼儿园、教师等各方面的努力才能不断完善。我们相信，只要我们拥有了使用现代科技的思维，才能更好地使用数字化工具，以数字化智能技术辅助教学赋能幼儿园教育，让教育成就梦想，帮助幼儿园完成从"幼有所育"到"幼有优育"的转变。

1.2 数字化转型带动学前教育变革

随着人工智能、物联网、VR/AR、大数据、3D打印、5G等新兴技术的崛起，现代社会已经进入了数字经济时代。2018年，政府倡导的《教育信息化2.0行动计划》促进了学前教育的数字化转型，并指明了未来教育行业的信息化发展方向，结合数字化转型的大背景，"互联网+教育"成为未来几年教育数字化转型的核心思想。

随着新的科学技术的发展和应用，学前教育变革已是大势所趋。那么面对数字化转型带来的学前教育变革，幼儿园应该做好哪些方面的工作呢？具体来说，幼儿园应该做好3个方面的工作，如图1-1所示。

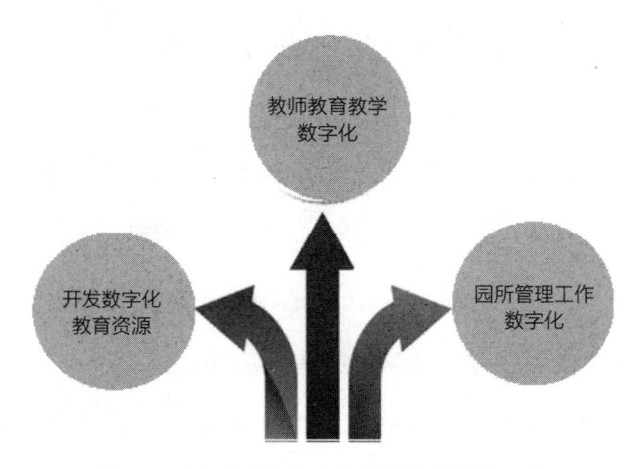

图1-1 幼儿园数字化转型应该做好的工作

1. 开发数字化教育资源

数字化教育资源是指经过数字化处理，能够在多媒体计算机及互联网环境中运行的多媒体教学材料，包括多媒体课件、数字音频、数字视频、数据库等多种形式。数字化教学资源呈现多样性、共享性、扩展性、工具性特点。多样性体现在多媒体、虚拟仿真、交互界面、超文本结构；共享性的体现是在网络环境下可以全球共享并随意获取；扩展性的体现是在原有的机上有扩展和补充；工具性的体现是在于作为认知工具，探究知识和构建知识。

关于幼儿园数字化教育资源开发，我国一些学者提出如下建议：

（1）整合数字化教学资源，要注重专家引领和教育信息化技术支撑，配齐设备夯实基础；要建立幼儿园信息资源平台；深化数字化课程资源与传统课程融合；

（2）骨干先行，全面推进，加强网络研修、园本培训力度，从信息化环境的运行与维护、数据的统计处理、网络教学资源在教学中的应用等方面展开培训，提升幼儿教师信息技术运用能力；

（3）从新媒体技术应用角度出发，结合实际开展园本新媒体教学技能教研，加快园本研发、合理选用优质新媒体教育教学软件，促进媒体教学资源在教育教学中的有效应用；

（4）加强信息化资源管理，以扩大数字化教学资源数量为基础，构建出优质园本课程资源库，建立幼儿园信息资源平台，促进资源共建共享。

2. 教师教育教学数字化

在幼儿园教学中，教师可以依托丰富的数字化资源，选择合适的内容，打破传统枯燥乏味的教学形式，提升幼儿的学习兴趣，为幼儿打造不同类型的立体化教育活动空间，有序引导幼儿进行信息资源的采集、认知、学习。从下面的案例可以看到生动有趣的教学场景[①]。

> 老师通过《蜘蛛和糖果店》给孩子们讲述了有关概率和统计的概念。概率是根据规律预估出一个数值，统计是把得到的数值按类归纳在一起，这样的概念如果只是告诉孩子们，他们

---

① 本案例及图片由北京卫成区第二幼儿园张瑜、宋歌两位老师提供。

并不能很好地理解，因此我们选择了这样一个多媒体的形式，吸引幼儿积极参与游戏，可以自主选择糖果，运用幼儿已有的生活经验，进一步感知统计、概率的概念。

图1-2 糖果店画面

教师引导孩子们进入一家糖果店，糖果店里有琳琅满目的糖果，同时这家糖果店有店员和一只小蜘蛛，通过店员和小蜘蛛的对话，让孩子们一步一步理解什么是概率和统计。

图1-3 蜘蛛来到糖果店

糖果店里每天都会来很多顾客，每个顾客会买不同的糖果，这时就需要统计一下各种糖果销售的数量，同时每位顾客又会有不同的购物习惯，从他们购买糖果的概率上可以猜测到他们这次购买的糖果大概是哪一种。

图1-4 咪咪来糖果店买糖

图1-5 咪咪买糖记录表

第一位顾客是咪咪，由于聪明的蜘蛛一直暗中观察咪咪的购物习惯，发现她一直对棒棒糖情有独钟，所以猜到这次她一定也会买棒棒糖。

第1章 数智化：为幼儿教育打开智慧大门

图1-6 冬冬来糖果店买糖

图1-7 冬冬买糖记录表

第二位顾客是冬冬，聪明的蜘蛛记录了冬冬以前买糖的记录，发现他只有一次买了棒棒糖，其他几次都是买的巧克力，因此断定冬冬喜欢吃巧克力。

图1-8 洋洋来糖果店买糖

图1-9 洋洋买糖记录表

第三位顾客是洋洋，洋洋购买过棒棒糖、巧克力、QQ糖和跳跳糖，品种很多，但他最近两次连续购买了跳跳糖，因此聪明的蜘蛛推测他喜欢跳跳糖。

第1章 数智化：为幼儿教育打开智慧大门

图1-10 菲菲到糖果店买糖

图1-11 菲菲买糖记录表

第四位顾客是菲菲，聪明的蜘蛛发现菲菲购买糖果的规律与前面几位顾客不一样，她喜欢果冻和棉花糖轮流吃，不是单一喜欢一种糖果，而是喜欢两种糖果。

图1-12　小明来糖果店买糖

图1-13　小明买糖记录表

最后一位顾客是小明，聪明的蜘蛛记录了以往小明都是买的QQ糖，因此店员就猜测这次小明还是会买QQ糖，但小明买了薄荷糖，他为什么没有按以往的习惯去买QQ糖呢？因为小明这次是帮妈妈买糖，所以统计的结果也会出现意外，不能完全依赖统计结果。

让我们看看糖果店的销售记录。

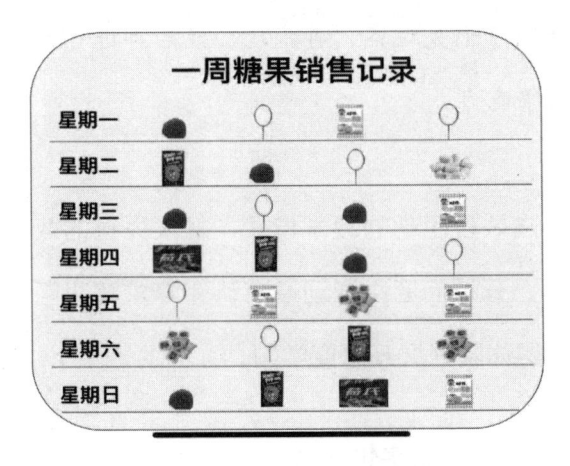

图1-14 一周糖果销售记录

小小糖果店会把一周的糖果销售记录在一张表上,通过这个表,大家会统计出哪种糖果销售最多。

图1-15 一周糖果销售情况

在活动中孩子们可以自己动手去选择糖果,参与感十足,从每位顾客购物规律中理解了概率,从一周销售情况中理解了统计，让孩子们先观察，再推理，最后再进行预测，提升幼儿的逻辑思维能力。

建立一套高效且生动的教学模式，融入先进的数字化手段，幼儿在发现问题、分析问题中调动原有认知寻求解决问题的路径，积极构建新知获得体验并展开深度学习。

3. 园所管理工作数字化

数字化技术手段促进幼儿园信息管理的智能化，利用信息技术将幼儿园行政管理、安全管理、健康管理、家园共建等方面实施电子化管理，让管理更规范，信息得到充分优化和利用。

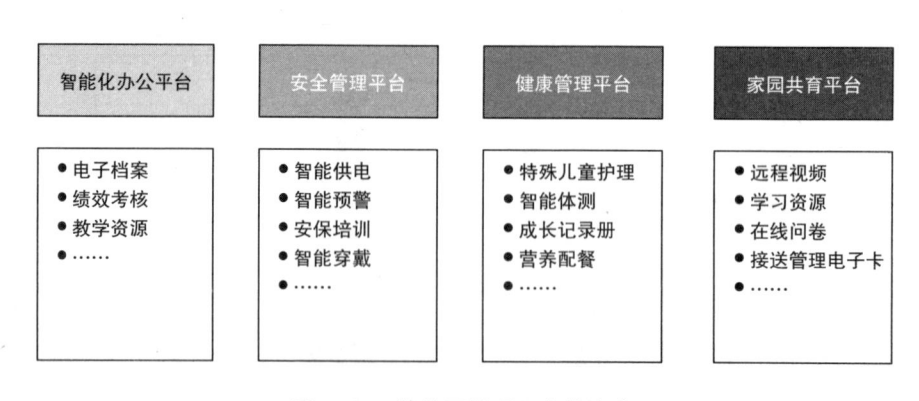

智能化办公平台	安全管理平台	健康管理平台	家园共育平台
● 电子档案 ● 绩效考核 ● 教学资源 ● ……	● 智能供电 ● 智能预警 ● 安保培训 ● 智能穿戴 ● ……	● 特殊儿童护理 ● 智能体测 ● 成长记录册 ● 营养配餐 ● ……	● 远程视频 ● 学习资源 ● 在线问卷 ● 接送管理电子卡 ● ……

图1-16 幼儿园管理工作数字化

智能幼儿园将做到以下几点，一是环境数字化，即构建高速安全的网络体系，形成数字化网络办公。二是管理数字化，即园内工作流程和信息体系都能实现同步共享，让信息流、资金流都能畅通无阻，提高管理效率，降低管理成本。三是生活数字化，即幼儿的健康和安全都能得到监督和保障。四是可视化管理，即幼儿园内的信息档案都能做到可视化，一键可查询。这些特点将全面转变传统幼儿园的管理思路，让管理水平上一个新的台阶。

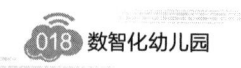

1.3 从传统幼儿园到数智化幼儿园

在新技术的影响下，有前瞻性的幼儿园管理者十分重视信息化建设，他们努力突破传统的管理思维，改进工作方法，充分整合信息资源，构建出符合幼儿园自身发展的信息化框架，推动了信息化的应用和发展，加快"智能化幼儿园"的建设步伐。

在数智化幼儿园的建设进程中，各个幼儿园都有不同的侧重，有的重点打造安全型现代化幼儿园，不论是安全管理还是家长工作，高科技手段都能化解安全方面的"焦虑"，解决掉安全问题的"痛点"，为孩子健康快乐成长倾尽全力；也有幼儿园倾向现代化信息管理，他们着重节省人工成本，提高工作质量，构建统一的管理软件平台，将日常管理、幼儿信息、学习资源、评价体系等全部归入统一的管理平台，助力幼儿园管理者轻松、便捷、高效工作；

还有的幼儿园抓教学上创新模式，创建支持幼儿学习的数字化教室，利用VR、AR和MR技术改变传统的教育教学模式的局限，在任意地点、任意方式、任意步调，满足孩子们个性化学习需要，把以"幼儿为中心"的教育理念落到实处。

我们该如何定义数智化幼儿园呢？数智化幼儿园应该是通过利用VR技术、AR技术、大数据等先进技术，提升幼儿园在教学、管理、安全、饮食健康等方面的管理水平，让幼儿园的教学更生动，更好地增长孩子们的见识；让幼儿园的管理更规范，信息交流更顺畅；让幼儿园的安全管理更严格，杜绝一切安全隐患；让幼儿园的饮食更安全、更丰富，保障孩子们身体健康，详见图1-17。

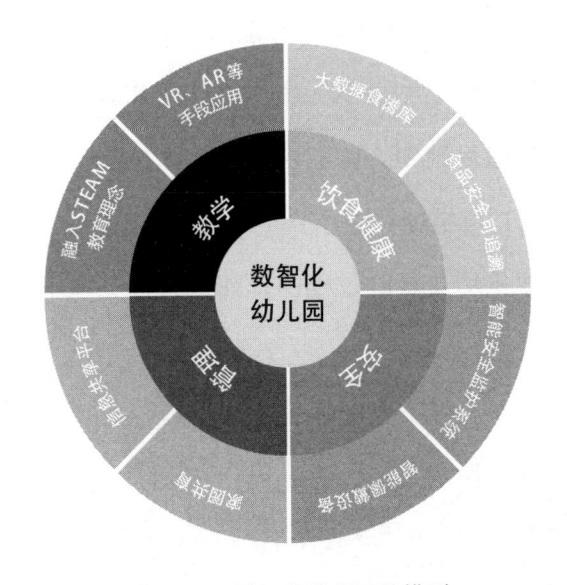

图1-17 数智化幼儿园的模型

数智化幼儿园的主要特点如下：

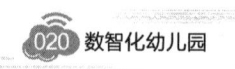

（1）提升幼儿园的信息管理水平。幼儿园的各种信息可以通过综合管理平台实现共享，比如孩子的健康信息、成长记录，都可以通过管理平台共享给老师和家长，同时也避免了因为重复采集信息而造成的资源浪费。

（2）提升幼儿园教学水平。在教育手段上摒弃了传统的枯燥教学模式，在教学中应用先进的数字化技术，让教学活动生动丰富起来，孩子们也会在欢快的气氛中了解世界。

（3）提升幼儿园的安全等级。现在人脸识别、智能佩戴设备等先进技术已经开始在幼儿园得到广泛应用，这些设备同时连接到家长手机端，让家长时刻了解孩子在幼儿园的情况，缓解家长的焦虑。

（4）提升幼儿园膳食健康管理能力。大数据不但可以丰富孩子们的食谱，同时可以追溯食品的源头，让幼儿园做到既让孩子们吃好，也让孩子们吃得健康。同时定期的身体检测，可以定期了解孩子们的身体状况，科学地调整饮食。

在建设数智化幼儿园的过程中，往往会存在以下问题，详见图1-18。

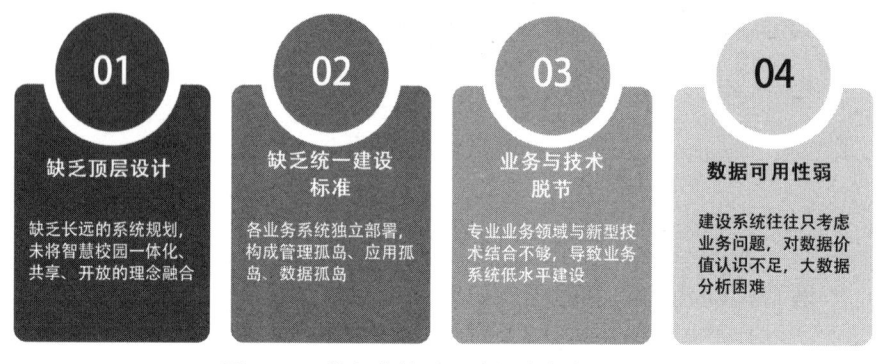

01 缺乏顶层设计	02 缺乏统一建设标准	03 业务与技术脱节	04 数据可用性弱
缺乏长远的系统规划，未将智慧校园一体化、共享、开放的理念融合	各业务系统独立部署，构成管理孤岛、应用孤岛、数据孤岛	专业业务领域与新型技术结合不够，导致业务系统低水平建设	建设系统往往只考虑业务问题，对数据价值认识不足，大数据分析困难

图1-18 数智化幼儿园建设中存在的问题

为避免上述情况出现，我们在谋划构建初始阶段就要有总体规划，建立统一的标准，让技术为业务服务，设置数据时要关注到信息共享，可以考虑从以下几个方面着手。

首先，形成统一管理的信息平台。幼儿园要引进统一的信息平台，避免"信息孤岛"现象，让信息实现共享，比如幼儿的健康信息、教学资源信息、结算管理信息等等，关于孩子成长记录方面的信息，不但实现全园共享，还要实现家园共享，让家长随时了解孩子在幼儿园的情况，也是信息共享的重要环节。

其次，实现信息技术与教学相结合。幼儿园要打造线上与线下相结合的教学模式，主要指线上空中教学资源与本地幼儿园教师授课资源相结合，充分利用数字化资源，开展以幼儿为主体的智能化教学，为幼儿培养提供个性化选择；优化、再造或创新管理服务流程，实现协同式办公，挖掘、分析流程业务数据，实现教学管理智能化；构建更完善的智能化办公环境及更智能的幼儿安全防护系统，使幼儿园在软硬件建设方面都走在行业的前列，得到社会的认可。

最后，实现智慧决策。幼儿园要采用智能化技术将园所各业务系统信息，如活动室数据采集、网络教学平台登录及观察学习记录、园内Wi-Fi定位的行动轨迹记录等纳入数据库，然后综合分析数据，给幼儿园的各项决策提供最新数据支持，创造智能化信息技术环境，不断提高幼儿园保教质量。

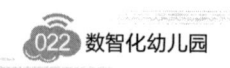

从上述分析可知，幼儿园在进行智能化数字校园建设时，必须在园所信息及应用系统的基础上形成统一管理的信息平台，为管理决策提供准确的数据支持。在此之后，根据幼儿园掌握的数字化、智能化资源，采用先进的数字化教学模式，实现实时互动操作，教学资源共享。

第 2 章

教学：
科技带来无限可能

　　数智化技术的特点就是图、文、声、像、影并茂，它可以将抽象的教学内容形象、生动地表现出来，用柔和的色彩、流动的画面、优美动听的音乐吸引幼儿的注意力，激发幼儿浓厚的探究兴趣。数智化技术可以跨越时间和空间，让孩子在幼儿园活动室里就能置身天地宇宙，感受星辰大海，所以将数智化技术与幼儿教育进行有效的融合，为创新"教与学"的模式，提供了更广阔的赛道。

2.1 打造智能化的"未来教室"

2.1.1 什么是"未来教室"

随着数字化技术不断发展，人们对"未来教室"的研究越来越深入。究竟什么是"未来教室"？我们认为"未来教室"就是不同于传统教室的概念，它可能是没有固定的场所，而是"元宇宙"式的虚拟空间，孩子们可以在虚拟空间里进行交流和学习，触摸真实世界无法轻易接触到的事物，孩子们可以自由选择自己想了解的知识，学习具有很强的交互性，孩子成为主动学习的主人，不再是被动接受老师传授的知识。我们对"未来教室"的设想基本是三点，见图2-1。

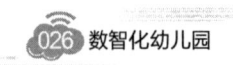

无课本教室	无固定地点	无时间限制
未来教室的建设方向是逐渐减少纸质的印刷品而增加更多的数字媒体	未来教室打破了传统学习对地点的依赖，所有的学习过程都进行了云存储	未来教室不再要求全班同时上固定课程，每位孩子可以选择自己喜欢的课程

图2-1　对未来教室的设想

首先是无课本。随着电子化程度越来越高，未来的课本应该不再拘泥于纸质课本，尤其是幼儿园教育，会更多采用多媒体形式呈现知识，让孩子们感受更真实的世界。目前已经有一些幼儿园在教学活动中使用电脑，让孩子使用一些小软件，但我们对"未来教室"的设想远比这个更炫酷，我们不仅局限二维世界，我们要制造三维空间，让孩子们有身临其境的感受，比如把孩子置身在南极感受企鹅的生活，把孩子置身宇宙，感受行星在身边划过，这才是无课本的教学，知识不再是从字里行间或老师的讲述中得来，而是从自身感受中得来。

其次是无固定地点。未来的教室很可能是元宇宙式的虚拟教室，孩子们可能来自不同的地方，但因为共同的爱好来到一个虚拟的教室里，大家就一个共同话题进行交流，共同感受一个现实世界中无法触摸的事物，比如大家共同来到月球的表面，看看那里有没有嫦娥。这样的教室，是我们对未来教育的憧憬。

最后是无时间限制。孩子们不再是拘泥于在一个空间里听老师讲课，而是可以选择自己喜欢的教室，去见识自己想认知的世界，这种自由自主的学习氛围是一个理想的学习状态。在未来教室里，聚集着大小不一的孩子，不再因为年龄而分开，大家只要兴趣一致，不论年龄大小都可以在一个教室里学习。

如果仅从智能化上来解释"未来教室"的特点，未免有些太简单，仅从多媒体设备的应用上来判断是否"未来教室"也有点儿草率。真正的"未来教室"应该是利用现代科技手段打造的多功能教室，这样能够让孩子成为游戏活动的主体，而不是被动等待老师教育指导，孩子们可以亲身去探索周围的事物，在宽松的学习氛围中，拆掉思维壁垒去发现、去创造、去改，他们还可以突破时空的限制，去到自己无法到达的远古时代或者未来世界，与古人对话、与未来交流，这才是孩子和家长们希望看到的"未来教室"的样子。

2.1.2 如何打造"未来教室"

"未来教室"不仅代表了教育发展的趋势，更是做到了以学习者为中心。那么，幼儿园如何打造"未来教室"呢？

人们乐观地认为，也许只需要5年或10年的时间，教学设备就会得到升级改造，那么现今人们所熟知的白板和投影仪很可能被淘汰。有学者说，人工智能技术的发展带给教育的就是方方面面的"改变"。

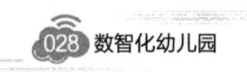

1. 学习方式将会发生改变

"未来教室"将借助智能教学工具，改革授课模式。人工智能的教育应用潜能，会在"未来教室"中得到充分的发挥。

学习者可以使用诸如语音识别接口、人工智能助理和智能语音助手等人工智能工具来寻找资源，智能助手与人类教师共同开展教学工作满足不同年龄层次、不同年龄水平的学习者学习需要。

虚拟现实技术（ＶＲ）、增强现实技术（ＡＲ）及混合现实技术（ＭＲ）将在教学中发挥潜力，国内一些学校、幼儿园已经有选择地借助高科技手段，为学习者提供适宜的学习支持与服务。

2. 智能黑板的使用

现在，我们所熟悉的黑白、白板，将来会被覆盖整面墙壁的显示屏替代。教师可以随时调用学习资料，实现屏幕共享。教师要想完成一个教育活动，需要使用到各类学习资源，有了各类电子设备，教师可以在教学中上随时调用网络上的学习资料，无须在线下花费大量的时间查找。

智能黑板也为园本培训提供了技术保障，无论身处何地，只要培训者通过连接自己的电脑与"未来教室"的电子屏幕，学习者就可以直接接收到培训的电脑屏幕信息，实现屏幕共享，这样即使切换屏幕、重点标注时，学习者可以做到实时关注。

3. 智能课桌的使用

"未来教室"的桌椅不是固定不变的,而是灵活多变的。智能课桌椅究竟有多智能?

其实,早在2013年英国研究人员就开发出了多功能、多用户的触屏智能课桌。这些课桌和软件由英国杜伦大学的专家设计,能够鼓励学生更有效的合作、活泼互动。

综上所述,"未来教室"最大的特点是链接、互动,除了班级内部的互动,还可以实现班级与班级、学校与学校、幼儿园与幼儿园之间的互动。但是,教师依然是教育工作的主体,学习者是学习活动的主体。

2.1.3 先进行业者的实践

"未来教室"具有数字化、情境化、主题化和趣味化的特征。基于这些特点,一些机构对创建"未来教室"开展了积极探索和有益尝试。

"未来教室"创设一种新型的教育环境。与传统的传授讲述式课程活动相比,未来教室设置的智能地震模拟体验屋、台风体验屋、火灾体验屋更具现代化教育的优势。替换传统的图片和视频,采用VR、AR、MR技术实现模拟真实的现场体验。在地震体验屋

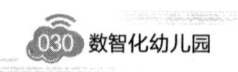

中，孩子可以体验多级地震的震感强度，同时也可以"实地"学习到科学防震知识和地震逃生技巧。在台风和火灾体验屋里，孩子们也能够体验台风的风速和火灾现场的浓烟，这时学习逃生知识技能，成为孩子们的"刚性需求"，不再发生传统演练时走过场式的随意场面。

诺贝尔物理学奖获得者江崎玲于奈曾经说过这样一句话："一个人在幼年时通过接触大自然，萌生出最初的、天真的探究兴趣和欲望，这是非常重要的科学启蒙教育，是通往产生一代科学巨匠的路，理应无比珍视、精心培育、不断激励和呵护。"我们不希望孩子们亲身经历真实灾难，但要让他们感受到，让他们了解真实灾难发生时的场景，要具备相应的自我保护本领。在未来的某天，或许他们因为曾经的学习体验，能帮助自己救助他人，或是从小立志，救死扶伤，都能体现教育的影响。可见，有力量的教育不仅是即时的也是终身的。

步入"未来教室"在一幕幕生动直观、身临其境的科学活动探索场景里，孩子们戴上VR眼镜融入沉浸式学习氛围之中，原本抽象单调的教学内容变成立体可感知的多样场景，观察太阳系八大行星运行轨迹；发现海底世界里漂浮的神奇水生物；与中生时代的恐龙零距离接触这种融入高科技智能技术手段的活动方案设计，能够随着活动的展开了解到幼儿的需求，站在幼儿的视角，鼓励他们在学习体验的过程中不断发现问题、不断追究原因、不断提出和验证假设、不断调整和改进。

　　幼儿的发展是在师幼双方相互作用的过程中实现的,"未来教室"以互动为核心,师生互动的教学模式替代单向讲授的教学模式。事实证明,教师自身的创意行为、教学态度以及营造的良好的互动氛围,也会影响幼儿创造性思维的发展。教师要公平对待每一名幼儿、鼓励幼儿大胆想象和思考,提出不同的观点,并给予他们充分的选择机会,可以自由挑选游戏材料、游戏场景、游戏内容、游戏伙伴,调动幼儿参与活动的积极性和主动性,构建宽松和谐开放的游戏活动氛围,支持幼儿深度学习。

　　未来教室融合了先进的教育理念和数字化技术,具有建设理念领先、技术应用领先、系统性强的特点,是非常人性化的教室,打破了原来的线下教学的模式,实现线下和线上自然结合,衍生出更多的教学形式,满足孩子们个性化的需求,线上线下会达到深度融合,实现多应用系统之间交叉融合,保证孩子们在不同场景下无感切换,为混合式教学奠定基础。随着投影、电子白板、一体机、激光显示等技术的应用,未来教室也会不断升级,向着更有个性的方向发展,孩子们将享受到云教室、物联教室、云互动教室、研究型教室等教室场景,满足不同需求,让教学更生动。

　　面向未来,大数据、5G、机器人、虚拟现实、增强现实、人工智能等新一代信息技术,将逐步走入"未来教室",也将重新定义教育的意义和价值,新技术会成为未来教育生态的核心驱动,它将

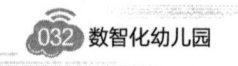

推动教学、学习、管理朝着更加高效化和智能化发展。将信息技术与教育进行融合是适应新时代教育改革的要求，因此，创建"未来教室"将会成为智能化幼儿园发展的必然选择。

2.2 课程活动更加精彩

2.2.1 利用科技手段培养孩子语言能力

语言是交流和思维的工具，幼儿园的语言领域教育是培养幼儿对语言的理解和表达能力。幼儿语言的发展贯穿于各个方面，在幼儿园中提倡为孩子们创设自由、宽松的语言交流环境，提供多种适宜幼儿阅读理解的绘本图画书。

随着幼儿园课程改革的深化，传统说教以及静态图片教学模式已远远不能满足现代孩子们的求知欲，电脑数字化技术以较强大的交互功能，用声光电的形式为幼儿创建了一个生动、形象、直观、视听结合的情境，使教师乐教，孩子乐学，推动了幼儿园的教育教学技术手段更新的脚步，进入了一个信息化教育的快车道。

根据不同年龄段孩子的学习特点，教师在培养孩子语言能力时所采取的方式方法也有所区别，老师们在语言活动方案设计方面应运用不同的教育策略。

小班的孩子常常表达不清楚自己的意思，老师会更注重培养孩子用短语表达自己的想法。我们看看下面这个案例[①]。

老师通过希沃授课助手APP给孩子们演示《鸡妈妈孵小鸡》（见图2-2），故事中讲到牛妈妈抱着花皮球、带着好吃的来找鸡妈妈时，鸡妈妈说："不行，不行，我要专心孵小鸡。"老师会通过让孩子们角色扮演，不断强化鸡妈妈的这句话，让孩子们学习这个短语，学会表达自己的想法。

图2-2 老师在给孩子们讲《鸡妈妈孵小鸡》

---

① 本案例由31679部队幼儿园韩峻岭提供。

进入中班末期，幼儿们词汇量有了一定的增加，并在生活中开始学着使用这些词汇，老师们教学中更侧重培养孩子的仿编能力，我们看看下面这个案例[①]。

中班的孩子开始对各种各样的职业表现出浓厚的兴趣，并对各种职业的不同劳动工具产生好奇。教师可以利用儿歌《小工具用处大》带领孩子认识各种劳动工具，同时提升孩子仿编能力。这个儿歌结构简单、内容易懂，儿歌中出现的工具贴近幼儿生活，从结构到内容都非常适合仿编。儿歌通过幼儿身边熟悉的、常用的小工具（如美工工具、厨房工具、清洁工具等）发出的声音或使用的动作入手，充分调动幼儿的生活经验，按儿歌句式结构大胆进行仿编，享受仿编的乐趣。教学活动中老师使用了希沃授课助手APP，让老师和孩子们的互动非常流畅。

《小工具用处大》

小锤子，敲敲敲；

小钳子，夹夹夹；

小剪刀，剪剪剪；

订书器，咔咔咔。

小小工具用处大，本领强大人人夸！

---

① 本案例由北京卫戍区第二幼儿园宋歌提供。

当儿歌出现在屏幕上时,老师开始问大家:"儿歌里都有哪些小工具?你在平时游戏中用过哪些小工具呢?"老师引导孩子们了解儿歌后半句是工具发出的声音或者是使用工具的动作,然后引导孩子们选择自己熟悉或喜欢的小工具尝试仿编。老师可以利用希沃授课助手在大屏幕上展示各种小工具和使用方法,让孩子们仿编完整儿歌,老师可以利用希沃授课助手记录幼儿仿编过程,活动最后老师将孩子们仿编的儿歌,通过希沃授课助手APP传到大屏上,让孩子们共同分享大家的作品,可以互相学习和提高。

对于大班的孩子,老师更侧重孩子对故事的创编能力[①]。

在培养孩子语言能力时,我们可以引导幼儿借助熟悉的故事,创编故事情节,鼓励幼儿运用合适的语言描述出主人公的表情和内心感受。

老师说:"蒂蒂在森林里抓拍到了一些照片,今天蒂蒂将这些照片寄了过来,接下来就让我们一起来看看吧!"见图2-3。

---

① 本案例及图片由北京市朝阳区春宇幼儿园冯思思提供。

图2-3 蒂蒂寄来的照片

老师出示多媒体课件，上面有四种动物（小兔子、小狮子、小猴子、小老虎），每种动物有四种不同的表情，引导幼儿观察、说出每个动物的表情，并说一说为什么会出现这样的表情？出现这样的表情内心感受应该是什么样子的？

老师说："照片中都有哪些小动物？这些动物的表情一样吗？都有哪些表情？请你们猜一猜，森林里发生了什么事情，

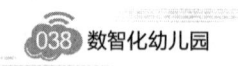

才会让它们有这样的表情呢？"

老师出示多媒体课件，上面是森林背景图，引导幼儿创编简单的故事，详见图2-4。

图2-4 森林里的故事

老师说："蒂蒂想要进入森林，必须要过这条大河。请小朋友们猜一猜，蒂蒂在河边看到了什么？可能会遇到谁？发生了哪些事情？发生这些事情时，小动物们会有什么表情？心里是怎么想的？"，详见图2-5。

图2-5 蒂蒂在森林中遇到了大河

孩子们在多媒体软件和老师的引导下开始编故事，尽管是初次创编故事，但孩子们兴趣盎然，有的孩子情节丰富，有的孩子需要老师给予适当帮助，最后孩子们会争先恐后地给大家讲解自己编的故事，孩子们在愉快的氛围中提升了自己的语言表达能力，同时也从同伴的故事中丰富了自己的词汇。

目前，市场上已经出现了很多人工智能故事机（学习机），不仅能够给孩子讲故事，还能够回答孩子提出的问题，基本上能够实现与孩子无障碍交流。例如，百度和小米都有这样的小机器人，都储备了大量讲故事以及天文地理知识音频资料，满足孩子们的各种奇思妙想，每当孩子们使用礼貌用语与机器人交流时，比如孩子说："小度请问……谢谢小度"孩子们都会得到机器人"你真是有礼貌的好孩子"的回应，对于小朋友来说机器人更像是老师和朋友。

幼儿园的语言领域教育活动借助人工智能，可以为幼儿创设丰富多元的、有利于语言发展的环境，提供给幼儿愉悦的学习体验。通常，在语言活动中要有一定的凭借物，所谓凭借物就是开展语言教学活动前的一些物质准备。人工智能可以通过音频、图片和视频动画结合的方式，模拟各种语言情境，有效地烘托与渲染文学作品欣赏与讲述的氛围，吸引幼儿快速入情、入境，提高幼儿语言理解和表达能力。

人机交互是人工智能赋能幼儿语言活动最突出的特点。人工智能能够根据幼儿学习发展需要提供适宜的教学方案，例如，练习发音、学习和运用普通话；增加语言词汇的理解和运用；良好的倾听能力培养等等。可以满足个性化语言学习需求。此外，在实施语言活动方案过程中，可以借助人工智能的动态场景构建虚拟空间情境，引导幼儿利用已有经验去探索新的认知，激发他们学习和交往的兴趣，实现人和机器智慧的共同成长。

北京卫戍区第一幼儿园实施了"小蓝星先导"计划，利用指尖游戏促进幼儿思维、语言、认知的发展。

"小蓝星先导"指尖游戏是根据儿童语言能力认知发展的特点，尝试引导儿童通过指尖游戏而主动投入学习，让儿童能在多知觉运动中，提升对汉语的综合感知，并在指尖游戏中快乐学习，在指尖击键游戏中，实现儿童轻松学习的目的，促进儿童的语言、思维、认知能力发展。

游戏中两个气球一碰，就蹦出一句古诗，还可以欣赏动画，让优美的图文一体的数字化阅读，为孩子们带来全视觉体验，让孩子们沉浸其中。

家长发现孩子参加"小蓝星先导"计划后，不但认识了简单的汉字和古诗，语言表达能力也提高了，同时还提高了孩子的手、脑、眼协调能力。这个小蓝星指尖游戏提升了孩子的学习兴趣，让孩子从"要我学"变成"我要学"，有效促进孩子综合能力的培养。

数字化技术利用图、文、声、像的结合，声情并茂地呈现多种多样的信息，让幼儿教育真正达到寓教于乐的目的，激发儿童学习兴趣，让孩子真正成为学习的主体，记忆力和专注力也得到很大提升。

图2-6 "小蓝星先导"计划的教学活动[1]

2.2.2 智能设备辅助体能锻炼

身体健康是成长的基础，保障健康身体就要养成良好的运动习惯，因此，体育锻炼要从幼儿抓起、从幼儿园做起，让孩子们加强体育锻炼，增强自身体质。现在有很多富有科技含量的运动设备，可以引入幼儿园的体育活动中。比如能够自动计数的智能跳绳、具备检测

---

[1] 本案例及图片由北京卫戍区第一幼儿园段春梅、石金提供。

心率功能的手表。此外，还有智能幼儿体测系统，可以测孩子投掷、平衡、跑跳等能力，同时出具规范检测报告，这些先进的设备，比起我们原来依靠手工测评更科学、更规范、更精准。

一些幼儿园也会借助人工智能技术手段，开展幼儿体育游戏活动。例如，北京某幼儿园在新冠疫情居家期间举行了幼儿园的首届线上运动会比赛，共设置了运动小达人、迷你马拉松、校园吉尼斯和亲子趣味赛四大项若干小项的运动会游戏比赛，幼儿园师生及家长参加了本次线上运动会比赛。家长对于线上运动会促进孩子积极参加体育锻炼给予了好评。

幼儿园之所以能够举办线上运动会，得益于即时通信工具的上传、储存和反馈功能，通过网络上传图片、视频、截图等成绩证明到云空间给予了"线上运动会"举办的可能性，方便了孩子在不同地方和不同时间段内参与幼儿园举办的体育比赛。

这些数字化设备具备的特点如下。

第一，能够更精准。如今，学校里的体育老师通过利用智能设备开展工作，已经大幅减少了人工工作量，例如在田径赛项目中，只需要在终端进行数据的确定即可，不需要参与比赛结果的记录，这也最大限度地规避了成绩的不精准，机器记录的成绩可以精准到小数点后三位，让比赛成绩在记录、保存、列表等环节都可自动操作，节省了繁杂的人工劳动，真正实现了数字化。幼儿园也可以参考学校的做法，借助智能设备采集幼儿的各项体能测试指标数据，用于幼儿体能测试组织工作，降低误差的同时也节省了人力、物力的消耗。

第二，形式更有趣。我们可以通过一些数字化技术达到运动的目的，比如索尼和任天堂在2020年联合推出switch健身环，因为疫情影响，很多人不能外出运动，这款健身环在国内外热销，它的原理就是通过健身环操纵电视画面中的游戏人物，一边游戏一边健身，让健身不再枯燥，游戏者也可以跟随电视画面里的人物做各种健身动作，健身环和电视屏幕完美配合，让人们在家也能愉快健身。由此我们可以设想，这种设备也可以推广到幼儿园的体育教学活动中，在教室里孩子们可以通过大屏幕和健身环的互动，跟随屏幕中的画面共同运动，屏幕的画面可以根据孩子的特点，做成动物乐园的形式，让孩子们跟随自己喜欢的动物欢快起舞，这种互动性强的运动一定会受到孩子们的喜欢。另外还有一些模拟健身馆，比如模拟足球馆、模拟网球馆等，通过和AI仿真人物进行运动对战，达到运动效果。这样的技术都可以搬到幼儿园里，用数字化助力孩子们运动。

第三，运动更安全。有的公司为孩子们制造一些专门的运动设备，比如智能跳远器、智能投掷器等等，这些运动器材，都能在运动的同时兼顾安全，让孩子玩得放心。

2.2.3 科技让美术教育更鲜活

2014年，荷兰一家广告公司团队与荷兰德尔夫特科技大学、海牙莫瑞泰斯皇家美术馆、荷兰伦勃朗故居博物馆以及微软的专家携手开发了一款可以对伦勃朗的绘画作品进行风格分析并进而开展"艺术创作"的软件，并于2016年公布了按照伦勃朗风格由软件算法完成的油画作品。这件作品无论是整体风格还是画面细节都达到了很高的完成度，一般观众难以辨认。

2018年10月25日在纽约佳士得拍卖行，世界上第一件人工智能艺术品《爱德蒙·德·贝拉米肖像》以35万美元成功被拍卖，这件艺术品是由三个没有接受过美术培训的程序员开发的。

这都是人工智能介入美术创作的案例，成功引起了人们对人工智能美术的关注和认可。近年来，趣味AI互动教学俨然成为一种热门的教学模式，许多在线的幼儿美术品牌也层出不穷。

随着教师和家长教育观念的更新、转变，在开展美术教学活动中，成人不再关注孩子是否能画出"像与不像""好与不好"的图画，而是尽力创造条件让幼儿接触到多种的艺术形式和作品，从而提升他们的美术素养，引导幼儿学会用心灵感受和发现美，用自己的方式表现和创造美。AI数字美术为幼儿的艺术教育表现与创造提供了更为广阔的美术教育空间，教学中，教师不再注重孩子是否具备绘画的技巧，教师也不再是教授者，而是幼儿学习的引导者和支持者，AI数字美术为幼儿提供种类多样且有不同层次设置的教育资源，满足不同年龄段、不同发展水平幼儿的学习需求。孩子们能够按照自己的意愿设计活动计划，借助工具大胆创作并自主表达，从绘画到手工，从平面到立体、从实物到场景绘制出一些系列的有独特创意的美术作品，孩子们的艺术活动能力是在创作与表现中逐渐发展起来的，老师的作用是激发幼儿感受美、表现美的情趣，丰富他们的审美经验，让孩子们体验自由表达和创造的快乐。此外，在美术欣赏活动中，教师可采用VR技术，优化美术欣赏教学模式，创设美术馆、博物馆智能虚拟情境，带领幼儿欣赏来自世界各地的大师作品，提升了人机互动体验，开阔幼儿认知视野，帮助幼儿获取更优质的艺术学习资源，提升艺术文化素养。

2.2.4　基于VR技术的全景教学

VR技术就是虚拟现实技术，人们通过VR设备，比如VR眼镜，进入一个虚拟的世界，和这个世界可以产生互动，让人有身临其境的感觉，如果把这种技术应用在幼儿园的教学活动中，可以将孩子们置身于任何他们想象中的世界，让孩子们通过自己真实的感受了解世界，而不是仅仅通过老师的讲述来认识世界，这种技术会让孩子对学习更有兴趣，激发孩子的求知欲和想象力，提升孩子的创新思维。

VR技术将改变传统教学模式，虚拟空间可以让教学不再有局限，可以让孩子到达任何地方，甚至是火星表面，这些人类难以到达的地方，已经不再是孩子们认识世界的屏障，让孩子求知的触角可以伸展到任何想要到达的地方，这就是VR技术带给幼儿教育最好的礼物，为孩子们打开了认识世界的大门。

目前，VR技术已经被很多行业应用，比如VR城市规划、VR校园展示等等，如今也出现在幼儿园课程活动中，VR在幼儿教育中所应用的价值在于开放性和仿真性。理想的虚拟环境是可以让幼儿沉浸在营造出的"真实"场景内，或是"太空"中的宇航员，或是"海底世界"里的美人鱼，还可以是"非洲大草原"中的旅行者，教学中孩子是活动的主体，他们掌握活动的节奏，能够积极与环境互动，利用所积累的经验探究新的未知领域。

比如在欣赏散文诗《非洲草原的落日》教学活动中，孩子们对远在非洲草原的认知是陌生的，传统的图片很难有代入感，但是虚拟环境完全可以给孩子们提供较为真实的体验。仿佛低头散步的斑马、抬头吃草的长颈鹿、奔跑的花豹就围绕在孩子们的身边，被落日染成金色的草原，人们忙着采摘果子的场景是那么的真实可见。教师不仅在活动中扩展幼儿的经验，也加深了幼儿对事物的感性认知。

依托人工智能技术的立体化综合教学场景能够帮助教师全面观察了解每一名幼儿的学习状态，有效组织开展启发式教学，培养幼儿敢于探究与尝试，乐于想象与创造的学习品质，为其后续进入小学学习做好相应准备。

2.2.5 利用VR设备参加线上户外活动

新冠肺炎疫情期间，很多孩子都在居家生活，无法参加一些群体聚集的体育活动。对于活泼好动的孩子们来说，居家时间久了难免感到烦闷，会有参加户外活动的需求。研究表明适度的运动能够帮助人们改善心情，尤其是当人们亲近自然时，可以帮助调节情绪，有利于身心健康，能否用高科技手段满足一些因疫情居家隔离足不出户的幼儿参加户外活动的愿望呢？当然可以。

目前，一些VR设备能够帮助孩子在居家的情况下，也能够参与生动有趣的活动，孩子们可以足不出户，通过VR技术在家体验一些极限运动，比如滑雪、潜水、滑翔伞等，还可以去参观博物馆，到世界各地旅游，只有想不到的，没有VR做不到的。

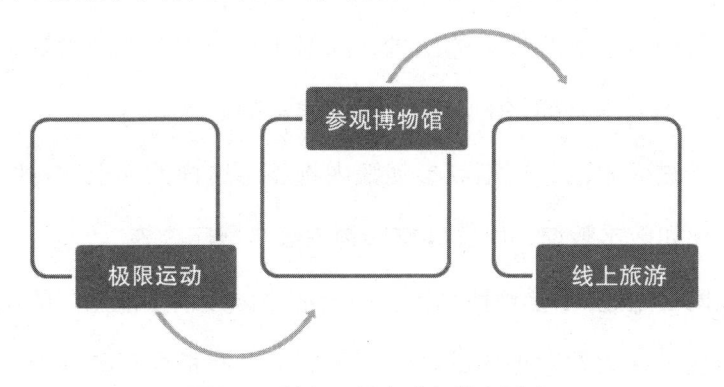

图2-7 利用VR设备进行线上活动

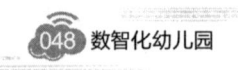

1. 极限运动

有些极限运动并不适合孩子去真实体验，但孩子可以通过VR体验这些运动的乐趣，比如潜水，孩子可以通过VR潜入海底世界，美丽的珊瑚、漂亮的小鱼都会围绕在孩子身边，孩子们可以在海底结识以往在书本上了解的各种鱼类，一次能遇见这么多鱼类，恐怕真正潜入海底都难得一见，近距离接触凶猛的鲨鱼也不用担心有危险，巨大的鲸鱼游过身边也不会害怕，相信孩子们对这样的海底世界一定会非常喜欢。

2. 参观博物馆

现在网上有很多提供VR体验的博物馆，体验不输实地参观的感觉，既有实地参观的视觉感受，又有非常精彩的讲解，比如"全景故宫"，基本包括了故宫博物院所有开放的区域，VR能够带孩子在家里体验到随意参观故宫的感觉，同时还有非常专业的讲解跟随孩子，孩子不会遇到拥挤的游客，可以非常静心地参观，还可以越过围栏，走进大殿内，近距离参观殿内物品。这样的网上博物馆还有很多，比如数字敦煌、中国国家博物馆数字展厅等等。

在网上通过VR参观博物馆，不但适合因疫情不能出门的孩子，更适合生活在欠发达地区的孩子，他们很少有机会到各地参观博物馆，可以通过这样的形式获取知识，这种获取知识的方式，打破了地域的限制，突破了贫富的差距，让孩子们可以平等地接受教育，认识世界。随着VR技术的普及，相信我们在网上会看到越来越多的博物馆，让我们认识世界的方式更多样。

3. 线上旅游

VR技术同样在旅游行业得到应用，一方面是可以让孩子足不出户就可以看看世界各地风景；另一方面也可以体验景区不同季节的风景，比如我们是夏季到哈尔滨旅游，就可以通过VR看看冬季的哈尔滨是什么样子，让孩子全面了解哈尔滨这座美丽的城市。

现在很多地方都开始用VR为本地做线上旅游，比如"云游淄博"，就是淄博市文化和旅游局为大家打造的在线旅游，通过VR展示淄博的旅游景点，同时配有语音讲解，随着VR技术不断普及，相信会有更多的地方做出这样的线上旅游，随着技术不断成熟，这种旅游体验会更加有身临其境的感觉，孩子们可以通过这样的形式走遍祖国大好河山。

2.2.6　VR技术在幼儿园区域游戏中的应用

2019年5月23日上午，南昌市铁路第一幼儿园为发展幼儿的科学素养以及对科学活动的兴趣，开展了"学前义务相助力，共谱科技新篇章"等系列科探活动。幼儿观看了无人机精彩的实验表演，探索了VR技术的神奇所在，幼儿动手将一枚火箭模型发射升空，放飞自己的"航天梦"。

将VR技术应用于幼儿教育领域得到广泛的认同，越来越多的幼教人从观望者转变为引领者和实践者，以点带面，将VR技术手段融入在幼儿园区域游戏活动中所呈现出的教育效果：

（1）任意模拟任何区域游戏。与现实中幼儿园的日常活动区域相比，VR技术的一大优势在于它可以轻松模拟任何区域场景开展游戏，比如：在角色扮演游戏中，创设虚拟的"国家大剧院"艺术环境，给孩子们提供神奇的表演空间，亮相在"国家大剧院"舞台上的孩子们是多么的兴高采烈，沉浸在表演中的他们主动而专注。借助虚拟现实技术，幼儿可以将自己置于各种资源充足、形式多样的学习环境中开展自主有效学习，例如，在积木区搭建"大型地下停车场"过程中，由于幼儿缺乏相关经验，那么他们就可以使用VR技术，参考国内外建筑模型，在选择图纸和材料中学习建构。幼儿也可以自主选择活动主题，自由选择同伴开展游戏，幼儿始终处于该区域的主导地位，掌握游戏的主动权，教师只是作为游戏的观察者，做好观察记录。在宽松且物质丰富的学习环境中，幼儿游戏活动水平将不断提高，潜移默化中，他们也主动学习了简单操作使用智能工具的技能。

伴随AR在教学开展中的深入，幼儿园要结合保教工作的实际需要加强教育过程中的督导检测，关注游戏过程，关注师幼互动，展开区域活动动态评估和研讨解决教育过程中出现的问题。

（2）虚拟教学环境远比现实安全。因为幼儿园室内活动区域范围场地有限，有时无法完成理想的教育方案。而虚拟环境不受场地空间限制，只要想到就能够实现。如：预防和应对校园突发暴力事件演练，成人再也不用有因"扮演坏人"让孩子们感到讨厌的焦虑了，孩子们可以在虚拟环境中真实地体验事发场景，当然老师也要给予孩子们心理指导，不要由于太过真实让孩子产生心理阴影。在这样特殊的情境中孩子们学习一些语言、肢体动作方面的自救常识，展开有实效的操作演练。

（3）弥补了传统区域游戏常出现的玩具材料种类少，数量不充足、环境布置单一等诸多差强人意的状况。VR技术给予幼儿和教师实现更多教育理想的可能，例如，在图书区、美工区、家庭区、积木区，VR的仿真情境可将图文变成视频、动漫，为孩子的需要提供虚拟场景搭建，真实还原生活场景，带给孩子们真实、立体、多视角的亲身体验。

VR技术在幼儿园区域活动中的主要应用场景，如图2-8所示。

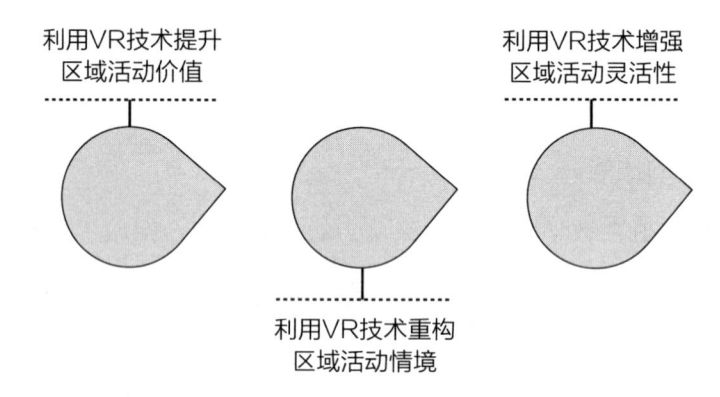

图2-8　VR技术在幼儿园区域活动中的主要应用场景

（1）利用VR技术提升区域活动价值。以"艺术表演区"为例：艺术教育是实施美育的重要途径，由于幼儿年龄特点，生活学习经验少，可供他们选择的艺术活动材料也有限，教师自身的艺术素养水平的高低以及不同的家庭教育背景对艺术教育的重视程度都会影响孩子艺术方面的个性化发展。人工智能从材料到环境以及艺术互动指导方面能够做到因幼儿发展需要随时调整，如，现在常见的钢琴智能陪练，就可以做到陪伴孩子练习钢琴，及时反馈和鼓励学习效果。

（2）利用VR技术重构区域活动情境。以"美工活动区"为例：鼓励幼儿表达自己独特的审美体验，引导他们以自己擅长并喜欢的方式创作自己的艺术作品。VR技术在幼儿活动中能够提供多种适合幼儿创作的美术作品模式，帮助幼儿积累经验，给予他们更多的选择空间。孩子们在"自然科学模块"中了解色彩的运用；在"生活场景"中了解图形的构造；在"创意动画领域"中掌握造型的特征；在"传统文化板块"中了解历史传承美德。因为有了选择的机会，孩子们获得了更多的创作空间，这些都充分地激发了幼儿在绘画过程中大胆表达认识和情感，让不同年龄段，不同水平的幼儿都获得了成长。

（3）利用VR技术增强区域活动灵活性。以"户外活动区域"为例，VR技术的出现给传统教育提供了全新的体验方式，在钢筋水泥般的城市生活久了，孩子们更向往大自然的生活，VR可以实现小朋友在"丛林"中玩耍，在"小河"中划船的梦想；在学军游戏中为小朋友设计打仗的装备。例如"六一"儿童节当天了，某部队奇峰幼儿园的小朋友戴上VR眼镜化身"战斗员"组织了一场沉浸式军事日活动，这是一份特殊的节日礼物；"上太空"也不是异想天开，配备虚拟技术可以体验"登陆月球""重返地球"，还可以登到正在太空飞翔的"空间站"参观学习，孩子们从静态的绘本和图片中走出来，亲身体验智能教学的神奇设置功能。

综上所述，将VR技术融入幼儿园区域活动中，可以使区域变得更加"广阔"再也不用考虑场地小的问题了，游戏活动也变得生动有趣，小朋友之间的互动性也更强了，教师也能够从埋头制作大量玩教具中走出来，专注于教学，把更多精力投入到幼儿的学习发展和新技术应用中。

2.2.7　AR技术带给幼儿互动学习新体验

AR技术就是增强现实技术，它是将虚拟世界和真实世界叠加在一起，然后呈现在一个画面中。将这项技术应用在幼儿教育中，将让孩子的体验更丰富，比如已经灭绝的恐龙，可以通过AR技术重现在我们的世界里，让恐龙来幼儿园和孩子们一起奔跑，这个梦想可以让AR技术帮助我们实现，虽然我们不能让恐龙复活，但是我们可以通过AR技术让虚拟恐龙来到我们身边，虚拟的恐龙也可以活灵活现地在孩子身边奔跑，同时AR技术还可以增加触觉功能，让孩子们可以抚摸到恐龙的身体，这样的体验，相信喜欢恐龙的孩子们会非常愿意尝试。

随着技术的发展，AR技术被迅速应用到了学前教育领域。目前，早教AR系列产品是AR技术在学前教育领域较为成熟的应用。AR技术给幼儿打造的交互式教育产品，如图书、卡片、益智类玩具等深受孩子们的喜爱，生动可爱的卡通3D形象打动的不仅是幼儿，还有一批大龄宝爸宝妈们。

AR增强现实的沉浸式体验对于幼儿来说更有吸引力，游戏化的学习过程，很容易激发幼儿的无意识记忆，比机械式记忆更持久。巧妙地将这种技术运用于幼儿园课程活动中，对幼儿来说是一种强有力的吸引，可转化教学中抽象难懂的知识问题为具体模型，在实际操作中引发孩子们探究式的学习。将之运用于教学活动中，传统纸面图形教具会被3D模型所取代，对于处在具体形象思维阶段的孩子来说，真实的感知和体验模型会触发他们对事物更深层意义的认知和理解。

在小学，AR多应用于学生的实践类课程，主要涉及的是手动训练，手势模拟。例如：在开展组装"智能机器人"科技实践活动中，学生佩戴AR设备，只需根据提供的全息画面指导，进行标准化的操作，就可以看到接下来的工作步骤，了解面前设备的信息以及操作运行路线，不仅避免出错，还能够提高组装的效率，省去了教师人工的教授。

AR技术在学校学科教学中运用的成功案例不胜枚举，不仅限于学校，幼儿园教育中AR技术也将发挥着重要作用。幼儿教育的手段和观念不断地更新，特别是AR技术在教育教学中的应用，可以唤起幼儿的真挚情感，激发幼儿对教学活动的兴趣。AR技术以幼儿为主体的新型教学方式，创建了幼儿园课程活动教学新模式，展示出了高科技信息技术手段的独特教育魅力。

未来将会有更多运用AR技术研发的幼儿教育产品出现，有条件的幼儿园也会引进AR技术提升教育教学效果。我们可以参考下面这个案例[①]。

---

① 本案例由北京卫戍区第一幼儿园段春梅提供。

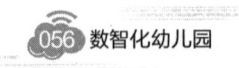

AR技术作为信息化手段在体验活动"我们一起找春天"中得到有效应用，老师们将《钱塘湖春行》的AR视频和诗词录音播放给孩子们，老师通过投屏器把AR视频投放到一体机上，与幼儿共同欣赏，并结合诗句内容帮助幼儿初步了解整体诗句意义，然后老师问："小朋友们，你们眼中的春天是什么样的？看完视频你们想到了什么？最喜欢哪段诗句？为什么？"孩子们朗诵着自己喜欢的诗句，老师进一步引导孩子们想象自己身在西湖欣赏春天美丽景色时，心情怎么样？朗诵时结合自己喜悦的心情和对西湖美丽春景的喜爱感情，变换语气进行朗诵，帮助孩子们更深入体会诗词的意境，启蒙孩子对诗词的鉴赏力，为日后了解诗词、培养兴趣奠定基础。

体验活动过程中AR技术呈现出的活灵活现、虚实结合的情景让孩子们主动投入其中，品赏诗中对春意盎然的大自然的描写。AR视频不但让孩子们更好地理解诗词意思，让幼儿更为直观领会和欣赏诗中情境寓意，体会诗中对春意盎然的大自然美景的喜爱之情，同时也激发了孩子们深入学习的兴趣，让孩子们能够尝试用相应的表情、语气表现诗词的内容。

由此可见，AR技术更符合幼儿的直观形象思维，幼儿主动参与度高，形象记忆与语词记忆的发展迅速，进而提升了认知语言思维的综合素养。《钱塘湖春行》教育活动流程图见图2-9。

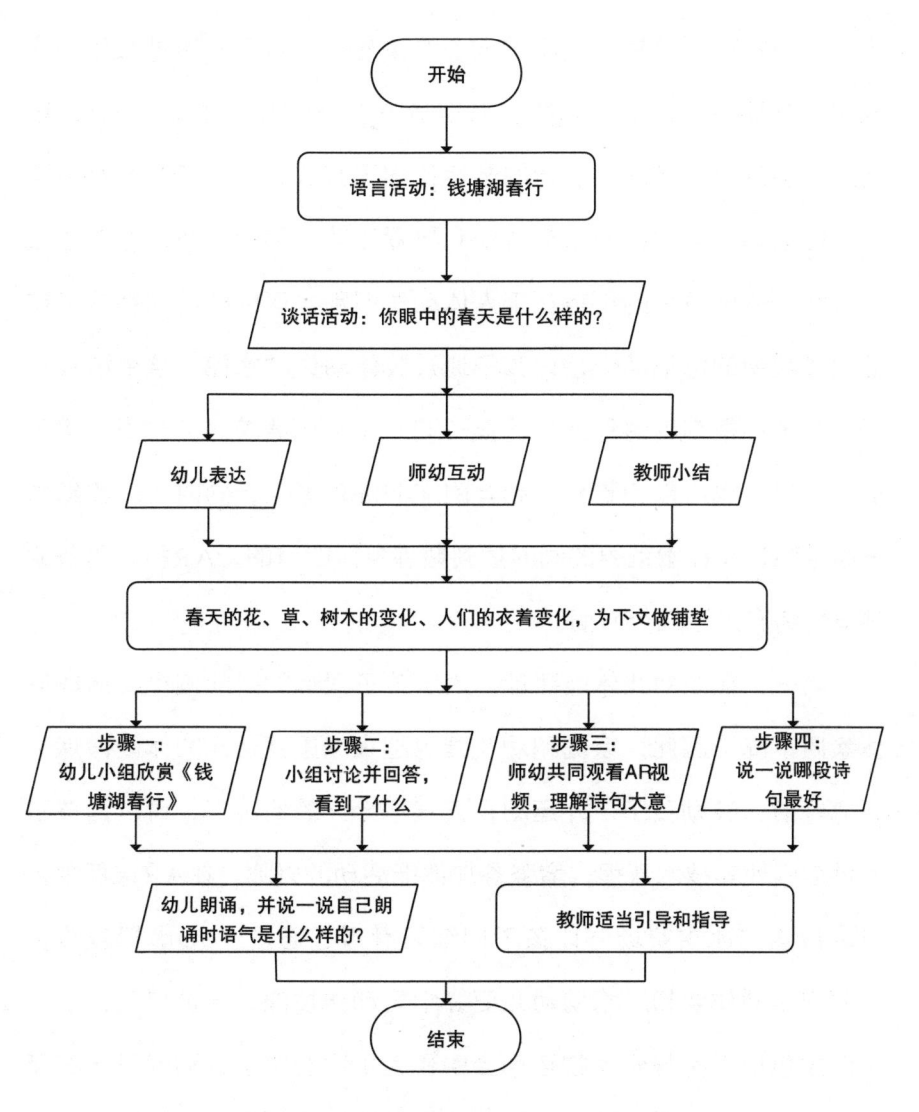

```
                    ┌─────────┐
                    │  开始   │
                    └────┬────┘
                         │
              ┌──────────┴──────────┐
              │ 语言活动：钱塘湖春行 │
              └──────────┬──────────┘
                         │
          ┌──────────────┴──────────────┐
          │ 谈话活动：你眼中的春天是什么样的？│
          └──┬───────────┬───────────┬───┘
             │           │           │
        ┌────┴───┐  ┌────┴───┐  ┌────┴───┐
        │幼儿表达│  │师幼互动│  │教师小结│
        └────┬───┘  └────┬───┘  └────┬───┘
             └───────────┼───────────┘
                         │
    ┌────────────────────┴────────────────────┐
    │春天的花、草、树木的变化、人们的衣着变化，为下文做铺垫│
    └──┬──────────┬──────────┬──────────┬────┘
       │          │          │          │
   ┌───┴───┐  ┌───┴───┐  ┌───┴───┐  ┌───┴───┐
   │步骤一：│ │步骤二：│ │步骤三：│ │步骤四：│
   │幼儿小组│ │小组讨论│ │师幼共同│ │说一说哪│
   │欣赏《钱│ │并回答， │ │观看AR视│ │段诗句最│
   │塘湖春行│ │看到了什│ │频，理解│ │好      │
   │》      │ │么      │ │诗句大意│ │        │
   └───┬───┘  └───┬───┘  └───┬───┘  └───┬───┘
       │          │          │          │
   ┌───┴──────────┴───┐  ┌───┴──────────┴───┐
   │幼儿朗诵，并说一说自己朗│ │教师适当引导和指导│
   │诵时语气是什么样的？   │ │                  │
   └──────────┬───────┘  └────────┬─────────┘
              └──────────┬────────┘
                    ┌────┴────┐
                    │  结束   │
                    └─────────┘
```

图2-9 《钱塘湖春行》教育活动流程图

在开展其他领域的教育教学活动过程中，幼儿园ＡＲ（增强现实）技术产品也会带来不一样的教育体验。它能够让体验者置身于虚拟环境中，无须佩戴任何设备即可操控空间场景内容，完成游戏化教学内容，这项技术更注重孩子的参与感，孩子们通过肢体动作操作三维场景里面的人和物，获得身临其境的互动体验。AR体感互动教学系统，是一种创新的游戏化学习方式，让孩子在游戏中学习，在运动中学习，非常符合幼儿热爱运动、热爱游戏、好奇心强的天性。体感技术的优势在于人体动作识别，可以精准识别孩子在游戏过程中的每个动作，让孩子通过肢体动作"掌控"整个游戏过程，孩子们很享受这种体验。孩子们可以站在浩瀚的宇宙中，用手操纵星球，也可以和猎豹一起奔跑在非洲草原上，同时可以和猎豹一起跑跳，在探索世界的同时达到锻炼身体的目的。AR技术具备的教育优势有如下几个方面。

第一，赋能幼儿体能锻炼。由于孩子锻炼的时间偏少，造成身体素质下降，因此，家庭和幼儿园也越来越重视幼儿的体能锻炼。天气好时，鼓励孩子户外运动，天气不允许的情况下，可以为孩子提供增强现实技术课程，增强参加体能活动的兴趣。在AR课程中，可以设置"冰雪赛场"让孩子们练习滑雪、通过"3D虚拟教练，实时展示动作要领"帮助幼儿更好学习动作技能，保护自己；孩子可以角色扮演参与到动物运动会中和兔子比赛跑步，和猴子比赛爬树，在游戏中得到充分锻炼，从而有效提升幼儿的综合体能素质。此时的孩子完全沉浸其中，完全忘记这是在刻意进行体育锻炼。

第二，提高幼儿的自我保护能力。在安全教育活动中，孩子可以自己参与到教师设置的AR"灭火现场"情境中，亲身体验火灾场景，分析逃生路线，在"火灾"情境中演练火场逃生及同伴互助救援，AR技术可以将现实环境与虚拟环境进行重叠，幼儿可看到自己和同伴身处在仿真的三维场景里面，在人机互动合作的过程中，幼儿可以正确掌握逃生自救的路线和自救措施，这种主动的学习过程是传统安全教育中难以达到的教学效果。

第三，优化幼儿游戏活动资源。《幼儿园教育指导纲要（试行）》提出：要通过游戏和多种活动引导幼儿在与环境的接触中积极主动地感知、操作、探索、发现，并与他人交往，从中获取多方面的经验和能力。

将AR技术运用到幼儿园教育教学中的价值在于可以为幼儿提供更多的互动场景以及多种多样的游戏材料，例如：不同场景（幼儿园、家庭、公共场所）的生活习惯与自理能力培养的模拟演练；传统文化、历史故事情境演绎与重现；人与自然环境的依存关系及能源利用。幼儿在情境式、沉浸式、探究式学习中获取经验，积累知识。幼儿园要关注AR教育产品的设计研发，立足幼儿发展，精准选择运用，并做好教育实践过程中的跟踪和反馈。

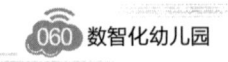

2.3 融入STEAM教育理念的数智化课程

为保证学龄前儿童科学启蒙教育的开展和实施，越来越多的幼儿园开始启动了STEAM科学课程。

STEAM教育含义见图2-10所示。这种教育模式是集多学科知识于一体，让孩子们能够跨学科掌握知识的一种学习方法。

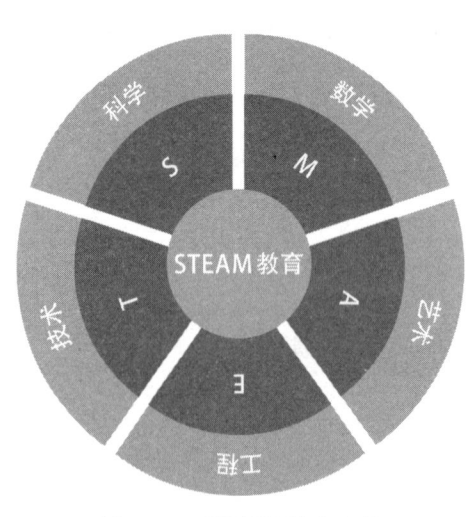

图2-10　STEAM教育含义

2.3.1 "晴雨花"萌发幼儿科学探究兴趣

幼儿园教师依据孩子们实际生活中遇到的问题来设计科学小实验，让孩子在生活中探究事物现象，掌握规律，学习知识，通过了解他们感兴趣的方向或一些随机提出的问题，敏锐地发现并开发出具有研究价值的活动主题。例如，孩子们提出"为什么会下雨？""我们能不能提前知道要下雨了？"这就能成为一项有意义的项目设计活动，老师们根据这个问题设计了有趣的"晴雨花"游戏。

为了让孩子了解雨的相关知识，老师引导孩子进行晴雨花的动手制作。通过制作晴雨花可以让孩子了解晴天和雨天空气湿度的差别。

塑料扎带在晴雨花纸的中间扎紧，再把叠好的纸一层一层地展开，整理做成花状（见图2-11）。然后用喷壶在纸花上喷上浓盐水，天气干燥时盐会结晶成小颗粒，天气潮湿时会吸水，颜色稍有变化，纸花上也有微小的水滴形成。

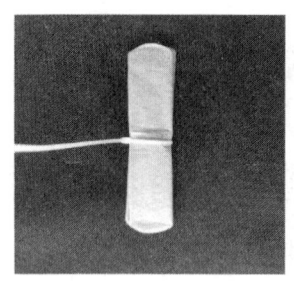

图2-11 制作晴雨花①

在实验过程中，孩子们动手操作，主动思考，在获取知识的同时获得了科学学习经验。在实验时老师选择实验材料时要注意以下几点。

（1）安全性。幼儿园的安全是第一位的，幼儿的操作安全意识还不够强，教师在材料的选取上应尽量考虑安全的因素，必要时进行适当的调整，让幼儿能够安心使用。

（2）形象性。幼儿的抽象思维能力还处于萌芽阶段，教师所选取的工具应该尽量直观形象，让幼儿一眼能看出工具有什么作用、怎么使用。对于具有一定使用难度的工具，教师可在工具区绘制直观的操作示范图予以讲解说明。

（3）简洁性。材料的功能过于复杂或材料的种类过于丰富，会导致幼儿在选择时无所适从，容易产生挫败感。因此在设计性项目中，教师提供的材料在满足项目需求的基础上应尽量减少材料的种类。

---

① 本案例及图片由成都七中八一学校幼儿园邓莉提供。

STEAM课程的建构对幼儿园教师具有较大的挑战性，该课程不仅对幼儿教师的知识结构和知识储备提出了挑战，教师也需不断提升自身的课程建构能力，重视学习培训，采用STEAM工作坊形式开展实操练习，强化自身对STEAM课程的教学思维、基本方法和课程设计的认知理解。为了更好地研发和建构STEAM课程，将研发成果转化到教育实践中，需要培养出一批有专业、教研能力强的幼儿园STEAM课程教师。第一，教师要转变思想观念、育人理念，充分认识到STEAM教育是一种教学方式与学习方式的变革，消除传统学科隔阂、突破专业局限，加强教育实践中五大领域的有机融合。第二，注重形式多样的园本培训，开展参与式、体验式学习，深化对STEAM课程教育理念和教育模式的认知和理解，帮助教师构建STEAM课程教学思维。第三，专家引领激发STEAM课程教学活力。定期邀请STEAM教育领域专家开展专题讲座和项目培训，指导STEAM课程建设、活动建构，幼儿学习项目设计等帮助教师解决实践中的困惑和难题，让教师认识到课程的育人价值，激发师生积极参与STEAM教育活动的热情。

2.3.2 "老狼的钟表店"引导幼儿认识时间

　　在STEAM课程的学习过程中，借助数字化技术教学场景，构建物质化空间让孩子们仿佛置身于真实的故事世界中，他们全情投入到情境和角色中，让每个场域都与探究活动产生链接，STEAM数字化教育空间的构建，赋予孩子们趣味、立体、多元的教育资源，激发他们成为主动的学习者、深入的探究者、手脑并用的创造者。

在引导孩子认识钟表时，幼儿园老师播放了多媒体课件——老狼的钟表店（见图2-12），小视频把孩子们很自然地带入了老狼的钟表店，在钟表店里有很多的钟表，引起了孩子们对钟表的兴趣，激发了孩子们参与活动的热情。

图2-12 老狼的钟表店[1]

通过这个小游戏，孩子们学会了识别钟表，了解了时针与

---

[1] 本案例及图片由北京春宇幼儿园杨芯芯、甄泽艳提供。

分针的位置关系。老师还可以在游戏后，组织孩子们到操场玩"老狼老狼几点了"的游戏，游戏中孩子尽情玩耍，根据游戏的规则，灵活运用所学的时间知识判断"老狼"说出的时间，选择或奔跑或停留。

STEAM活动一般分为两种，面向不同学习阶段的幼儿侧重点不同，一种是基于问题的探究学习，一种是基于项目的问题解决。不论是哪种类型，项目活动都是从简单的、相对独立的知识和技能学习入手，逐步深入、层层推进。

（1）对于中小班的幼儿，采用基于问题的探究学习，以科学思维的培养入手，借助技术工具和数学计算，利用比较、分类、图示等分析手段进行探索学习，重在培养幼儿的探究兴趣、科学态度和科学的鉴定方法等。

（2）对于大班的幼儿，随着其知识储备的增多和思维水平的提高，采用基于项目的问题解决，在培养探究兴趣和科学方法的基础上，着重提高其科学实践、工程设计和问题解决的能力。

要通过活动结果的迭代来不断优化课程目标，在项目改进中不断提升幼儿的反思能力和问题解决能力。STEAM课程目标的实现以是否解决实际问题为依据，当一个完整的课程实践过程结束后，教师应根据对活动完成情况的评价来判断幼儿是否在课程实践中获得了相应的发展。如果活动的最终结果没有达到预期的目标，教师应该将这一结果现状当作一个新的问题情境,引导幼儿对新出现的问题进行反思、改进和实践,直至问题最后被解决。

2.3.3　帮助幼儿在"造车"中掌握汽车结构

教师设计教学方案时,首先要了解本班幼儿的现有水平以及学习特点,有针对性地来设计有问题情境的实验活动,引导幼儿在解决问题的过程中丰富体验,收获知识,从而达成教学目标。例如,教师依据孩子喜欢汽车,对汽车的结构很好奇的兴趣点,设计了下面的教学案例。

汽车是生活中最为常见的交通工具,孩子们对于汽车很感兴趣,同时也充满了好奇,马路上的小汽车、大巴士,工作中的大卡车、清洁车、水泥搅拌车等都深深地吸引着他们。怎样才能拥有一辆属于自己的车呢?为此,我们基于幼儿的兴趣点,开启了一场汽车探索之旅,希望在这场探索活动中,孩子们能制作出属于自己的独一无二的小车。

幼儿对汽车只有表象的认知(车的外形、结构、种类、作用等),教师要引导幼儿以这些认知为基础制作汽车,从而发现车身、车轮、车轴间的关系,了解汽车行驶不同的因素,包括惯性、车轮的摩擦力等等。

首先让幼儿设想自己要做什么样的车，车是由哪些部分组成的，制作小车需要用到什么材料。

幼儿围绕自己想做的车自发进行讨论，如车的外形、车的功能等，在讨论中，幼儿们对于车的基本结构并不明确。教师基于幼儿的问题梳理孩子们的认知经验，并带领幼儿通过汽车图片、汽车结构组装视频，以及生活中的真实汽车情景视频来了解车的基本结构以及不同汽车的类型。幼儿回到家里，同父母一起了解自己喜欢的车玩具，然后再带到班级中来，从车的外形、结构以及功能这三个角度进行介绍，向大家展示自己的车，巩固自己对汽车结构以及功能的了解。教师利用家园合作方式，帮助幼儿将生活中的经验与老师们在园传递的知识经验相结合，回家后和爸爸妈妈利用废旧材料制作自己想要的简易车模型，但车模还不能行驶，教师再引导幼儿思考车轮可以转动，车轴可以转动，动力装置能够推动小车行驶等，幼儿进行新一轮探索，体验与操作发现车身、车轮、车轴间的关系。在家长与老师们的帮助指导下，将自己的车模型改造成为一辆能够动起来的车。

图2-13　手工车模[1]

这个活动帮助孩子们了解与认识汽车的基本结构以及不同类型汽车的功能，通过制作小车，扩展了幼儿的认知，也提升了动手操作、动脑思考的能力。

在设计活动时，要关注以下几个要点。

（1）环境是重要的教育资源，环境能有效促进幼儿在真实情景中提升科学素养。教师与家长携手利用生活中的环境浸润，引导幼儿了解汽车，将与汽车的相关知识渗透到幼儿生活的点滴中去。

（2）活动的主体环节是探究，幼儿则是探究活动的主体。在活动中，幼儿们自己尝试制作小车，修改小车，展示小车，评比小车，应做到从孩子的视角出发，孩子是活动的主体。

（3）评价既是教育中的重要问题，也是教学中的关键变量。我们将活动的评价主体归还于幼儿，让幼儿在活动环节中多参与到自我与他人评价中去。

---

[1] 本案例及图片由成都七中八一学校附属幼儿园李薏苡、刘欣提供。

（4）活动要为学习者提供相应的场所和情境，教师充分利用园区场地，打造了"室""廊""角"等较为完整的教学场所，让幼儿真正参与到活动中去，激发他们对汽车的尝试性探究。

通过本次与汽车的"亲密接触"，幼儿对于汽车的认识不再局限于手中的玩具和书上的图片，能了解到有关汽车的简单知识。幼儿在游戏和学习的过程中，激发其主动观察和探究的愿望，他们不断尝试形式多样的操作探索，进而发现问题，解决问题。

由于STEAM是以问题学习为基础的跨学科整合类型的新型教育形态，是把具体问题与真实的生活情境相融合，教师在一日生活中，认真观察幼儿的行为，捕捉幼儿的兴趣点，及时为幼儿创设真实且开放的问题情境，引导幼儿养成独立思考，收集归纳信息，解决问题等能力。同时，教师有效地整合各学科的特点，建立起清晰完善的教学体系，较大限度地促进幼儿在自主游戏中的深度学习。所以，随着行动研究中STEAM教育理念的不断"扎根—迁移—优化—拓展—深化—升华"，加快提升了教师的STEAM教育素质，如跨学科融合能力、方法应用实践、创新思维应用、课程设计、教学实施等STEAM综合素养。教师STEAM教育研究成果逐渐显现丰厚，形成了STEAM学习预设方案和STEAM游戏案例。

2.3.4 有趣的"笼中鸟"

STEAM课程总目标的实现需要依托科学、技术、工程、数学、艺术等领域的教学实践,但它又不是各领域学习的简单拼接,所以要注意不同学科知识之间的内在逻辑关联,把握好知识之间的融合性。STEAM课程的目标不以知识的掌握为最终目的,而是着眼于孩子们思维、能力、知识等方面的综合发展。STEAM教育主张孩子动手、动脑,参与学习过程,激发孩子动手操作的学习乐趣,在"做中学""玩中学"具有体验性探究特征,这样不仅提升了孩子们的动手实践能力,还引导他们发现蕴含在项目问题解决过程中的科学现象和规律。下面是STEAM课程案例。

图2-14 一张神奇的图片

这个案例是先呈现一张静止的由马、圆圈和球组成的图片,再给孩子呈现图片快速运动的动图,动静对比,感受视觉暂存现象,同时激发孩子的好奇心和求知欲。先给孩子们展示一张照片,它不动的时候是这样的,如图2-14。

当这张图片转起来之后，大家会看到马在跑、球被套进圈里了。为什么当图片快速转动的时候，会看到这些动物也在运动呢？因为物体在快速运动时，人眼所看到的影像消失后，人眼仍能继续保留其影像0.1~0.4秒左右的图像，这种现象被称为视觉暂留现象。动画就是基于人的视觉暂留原理，在一定时间内连续快速运动一系列的画面就会感觉成连续的运动图像。

孩子们根据这一原理制作笼中鸟，怎么做才能让鸟待在笼子里呢？就是让卡片一面是鸟笼，另一面是鸟，将竹棒夹在两面图卡之间，然后让它快速转起来。

图2-15　笼中鸟制作过程[①]

[①] 本案例及图片由成都七中八一学校小学部李光子提供。

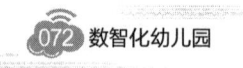

这个案例通过孩子的自主创作，激发孩子的好奇心和求知欲，培养发散思维和聚合思维，从而达成创造性思维能力的发展，同时提升孩子的审美意识及探索科学的精神。

开展上述案例教学时，教师要从课程整体层面进行操作思考：一方面，根据教学活动的进展程度以及孩子的学习状况，适时对活动主题和活动目标进行演化或优化，给予孩子持续性的支持，不断拓展项目的广度和深度；另一方面，教师应掌握何时主动介入、引导孩子，何时放手、让孩子主动思考。STEAM项目活动强调孩子主动思考和解决问题能力的培养，教师不直接提供最佳答案，而是作为支持者引导孩子们自主寻找答案。

"STEAM课程"有别于传统的单学科教学，它也并不是这五个学科简单、机械性的组合想加，而是创新性融合。就比如在工科的机电学习中，往往涉及的不仅只有技术（Technology）这一领域的知识，还可能还会牵涉到科学（Science）与工程（Engineering）。再如文科类的旅游学知识，也不仅仅局限于艺术（Arts）的人文知识，不难看到在大数据发展的现当代，旅游学的发展也基于大数据的发展，通过分析游客数据、景点受欢迎度等，可以更优质精确地推广旅游产品。所以，"STEAM课程"在这个意义上来说，并非简单的学科拼凑，而是各个学科的相互融合与促进，以达到促进孩子多元化发展、掌握跨界知识、精通综合化学科。

2.3.5 让数学不再枯燥

STEAM课程是一个注重孩子实践的课程，而数学知识是比较抽象的，在STEAM教学活动中，教师能够完美解决这个问题，教师在设计课程时要思考如何引导孩子思考，用什么样的教学手段来达到教学目的，如何测试孩子真正理解了这个问题等等，STEAM课程的设计过程，是一个循环过程，通过设定问题、设计教案、实施教案、反思漏洞、修订教案这一个循环过程，不断完善设计思路。学习数字是比较枯燥的，想要引导孩子愿意学、主动学，可以参考下面的案例。

"给小动物喂食"这个游戏是让孩子认识10以内的数字，我们用一个多媒体课件来实现这个目标。游戏是给小动物分食物，每个小动物的食物数量是不一样的，小朋友们要看清楚小动物旁边的数字是几才能给它盘子里放几个食物。

图2-16　给小动物分食物①

孩子们沉浸在游戏中，不知不觉中就认识了数字。但在大班

---

① 本案例及图片由北京春宇幼儿园单新丽、杨越彤提供。

孩子中会涉及到一些难理解的部分，比如让孩子理解"重复""对称""递进循环""递增"排列的规律，这些很抽象的概念，如果没有游戏，学习也就变成了枯燥地灌输。让我们看看下面的案例。

"宝石森林"游戏能根据指令，设计有规律的图案序列。教师播放多媒体课件，请幼儿进行观察。边看边读，感受规律。游戏中国王想请孩子们用四种不用的排列规律，把彩灯挂上。请四名幼儿为一组，根据信封当中的题目，利用桌上的材料，进行规律排列。在排列时，老师引导孩子们学习"重复""对称""递进循环""递增"这些概念，孩子们做的彩灯。

图2-17 "宝石森林"游戏画面[1]

---

[1] 本案例及图片由北京春宇幼儿园李晓丹、何晓蒙提供。

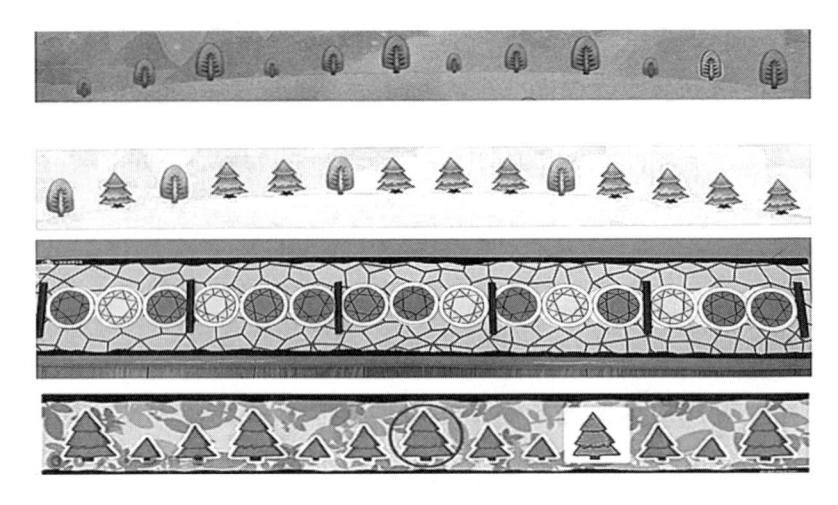

图2-18　孩子们做的彩灯[①]

在设计游戏时，教师要根据不同年龄段、不同能力水平的幼儿设置不同内容难度的游戏，在教学过程中，教师要全面掌握幼儿的学习活动状态，诊断分析当下的教学目标和内容是否适宜本班幼儿学习，及时调整不适宜的方面。例如，教师发现最先设计教学目标相对于幼儿当前的发展水平来说难度过高，便可以适当降低难度，以免引起幼儿的挫败感；或者考虑设计一个前期的游戏活动，为幼儿提供相应的知识经验准备，做好后续学习的铺垫。教师要在理解和把握幼儿年龄特点和学习规律的基础上，面向全体关注个体差异，从幼儿的日常学习和生活入手，发现问题，展开思考，演化成适合幼儿当前能力水平的STEAM项目活动，让幼儿在探究具体事物解决实际问题中，不断提升其科学探索、数学思维、技术操作和

[①] 本案例及图片由北京春宇幼儿园李晓丹、何晓蒙提供。

审美能力，为其终身学习发展打下坚实的基础。

活动中孩子们享受着探索带来的乐趣，在做中学、在玩中学，STEAM课程让孩子在感知和探索中感受科学的神奇与魅力，感受科学学习的快乐。真正让孩子们走近科学、了解科学、爱上科学！

STEAM教育倡导通过问题解决来驱动跨学科学习，以培养儿童的创新能力与批判性思维。幼儿园中大班幼儿的认知经验和探究能力已有所发展，针对他们开展STEAM课程实践更具适切性。在设置STEAM课程目标时，教师应坚持可行性、真实性、综合性等原则，处理好课程总目标与具体活动目标之间的关系，关注情感、态度、能力、知识等学习发展，强调幼儿综合素养和学习品质培养。在建构STEAM课程过程中，教师应注意以具体情境为先导，提炼课程框架，细化课程设计，制定详细的实施方案，聚焦重难点，通过活动结果的迭代推动幼儿探究走向深入。教师在课程建构过程中还应善于反思与评价，不断提升自身课程建构能力。

第 3 章

膳食管理：
让科技守护孩子

孩子的膳食管理是幼儿园工作重点之一，幼儿正是身体发育的重要时期，营养全面、食品安全、易于消化都是需要注意的问题，而数智化技术正在为孩子的健康助力，不论是食品溯源还是健康饮食搭配，数智化技术都是人工无法替代的存在，相信未来一定会有更多新技术为孩子的健康保驾护航。

3.1 智能防疫消毒：采用PLC控制幼儿园消毒系统

3.1.1 智能消毒机器人

新冠肺炎疫情下，幼儿园加强公共区域的疫情防控非常重要。严防疫情以"物传人"的方式扩散，是幼儿园疫情防控的重中之重，事关幼儿及教职工的安全与身体健康，丝毫不能马虎。为此，很多幼儿园引进了智能空气检测及消毒机器人。

智能无人消毒机器人是结合消毒液喷雾和紫外照射的双重消杀方式，专注于人员密度高、流动性强的室内环境及对物体表面进行多点消毒，优化环境品质并降低病毒及细菌传播概

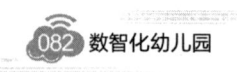

率。这些智能无人消毒机器人在疫情后销量很好，能够节省人力，又能做彻底的消毒，在幼儿园应用，能给孩子们保障非常安全的环境。

无人消毒机器人有很多优点：

（1）无人化消杀闭环

通过可定制化任务预约，整个任务闭环无须人员介入，省心省时，并且真正做到人机分离，避免交叉传染。

（2）精准消杀

根据消杀方案定制专属消杀路径，针对人流密集区域进行专项消杀。

（3）双重消杀

让细菌无所遁形通过可定制化任务预约，整个任务闭环无须人员介入，省心、省时，且真正做到人机分离，避免交叉传染。

（4）安全体验

保证消毒方式本质安全的情况下，通过机器人的运动避障及传感监测能力，进一步确保行人的安全体验。

（5）全地形覆盖

强大的环境覆盖能力，楼宇全链路打通，全地形覆盖，无门槛进入。

在日常园所消毒工作中，利用智能消毒机器人开展工作，无疑是为全园师生健康增加一个更可靠、更方便、更安全的安全防护保障。

简而言之，在选择幼儿园园区消毒设备方面，要符合国家和卫生保健部门相关要求，在确保人员无伤害的前提下，实现无残留、易操作、低消耗。

3.1.2 无接触远程智能消毒垃圾桶

在疫情防控的决胜阶段，佩戴口罩是人们日常防护的重要手段，然而佩戴过的口罩上可能携带大量的细菌，如病毒、口腔细菌等，如果乱丢或者处置不当很可能引发二次污染。如果幼儿园内放置一些无接触智能消毒垃圾箱，就会大大降低这种乱扔口罩导致细菌传播的风险。

这种垃圾箱安装了红外感应器，可以做到来人即刻开箱门，同时每次关箱门前会自动喷洒药水消毒，保证每次丢垃圾后都能得到及时消杀，在垃圾装满后，会自动发出警示。

新型冠状病毒对紫外线、热、有机溶剂和消毒液敏感。紫外线能够破坏微生物的分子结构，从而达到快速杀灭病原的效果。臭氧是一种强氧化剂，它直接与细菌和病毒作用，破坏微生物的细胞器、DNA和RNA。

幼儿园采用开口垃圾箱容易导致病毒扩散，引发幼儿感染；采用带盖垃圾箱，幼儿在投放垃圾时需要打开垃圾箱盖子，又容易引发接触感染。如果幼儿园采用人工消毒不但存在安全隐患，还无法保证消毒效果。因此，幼儿园公共区域及班级使用备智能感应、微波雷达测距、大功率紫外臭氧杀菌等功能无接触智能消毒垃圾箱，从源头消杀病毒细菌，降低传染病传播风险。国内一些学校在校园设置了智能垃圾分类投放箱，老师、学生通过扫码及正确的智能投放将会换得积分，当积分累积到一定量后还可以兑换生活用品，鼓励大家主动参与垃圾分类，减少生活中垃圾混投、乱放的现象。

3.1.3　智能消毒柜

保障幼儿的生命健康是幼儿园工作的首要任务，餐具是幼儿每天都要接触的物品，所以幼儿园的餐具消毒是至关重要的工作环节，不能有半点儿疏忽。幼儿园餐具消毒采用人工难免会存在纰漏，采用智能消毒柜就能够避免相关问题。

一般的消毒方法有以下三种。

1. 紫外线消毒

其消毒原理就是利用紫外线照射，杀灭细菌和病毒，优点是杀灭效果好，时间短；缺点是穿透性差，只能对照射范围内的物品表面进行消毒，对照射不到的地方，比如物体背面就没有消杀作用。

2. 臭氧消毒

其消毒原理是利用臭氧的强氧化作用消毒，优点是可常温消毒，适合不耐高温的物品；缺点是灭菌效果有限，有些病毒不在消杀范围，同时臭氧浓度太高对人体有害，需要密封性高一些。

3. 高温杀菌消毒

其原理是利用电热元件或红外光波管产生120度高温来消毒，优点是杀菌率高；缺点是不适合不耐热的餐具。

目前市场上的智能消毒柜非常适合在幼儿园使用，这种智能消毒柜不同于一般消毒柜，它有以下这些特点。

第一，消毒方法是综合使用这三种消毒方法，取长补短，让消毒柜达到最佳消毒效果。

第二，智能消毒柜可以选择消毒时间，幼儿园可以根据自己的需要，设定不同的消毒时间，让消毒时间更灵活。

第三，智能消毒柜都会设置童锁功能，防止孩子们误操作造成伤害。

第四，智能消毒柜有负离子烘干功能，防止柜内因为潮湿产生细菌，即便消毒后长时间没有打开柜门，也不会存在二次污染问题。

第五，智能消毒柜密封性非常好，一方面防止紫外线泄露，另

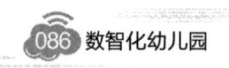

一方面也防止灰尘和蟑螂进入柜中。

选用一款适合自己幼儿园的消毒柜，将给孩子们带来健康、放心的环境。

3.2 食品安全保障：数字化技术应对食品安全问题

3.2.1 食品安全追溯系统

"民以食为天"对于处于幼儿期的孩子来说，食品安全关乎着他们的生长发育和身体健康。然而，由于食品运输交接环节多，食品采购和制作过程中由于管理疏漏，导致食品安全事故频繁发生。

一些幼儿园制定了大量的相关制度，挂在墙上，写在纸上，用在检查上，投入了不少人力、物力和精力，一定程度上规范了食品采购流程、食品加工流程、入口食品留样等相关工作。随着大数据、云计算、物联网、人工智能、区块链等技术的逐渐成熟，更多的幼儿园管理者，希望能够借助先进的技术手段减少人工环节，加强信息化监管从而杜绝食品安全隐患发生。

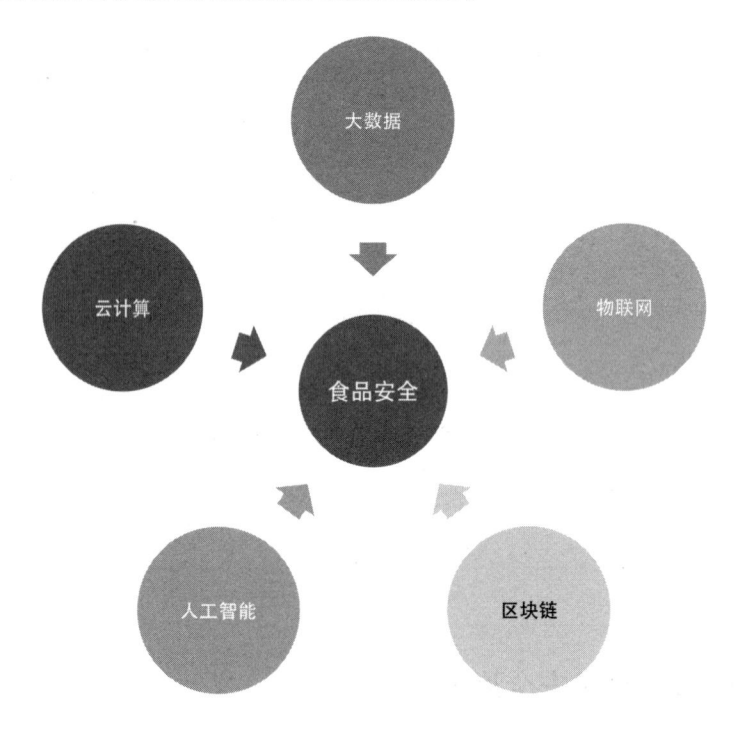

图3-1 新技术助力食品安全

例如物联网在食品追溯方面的应用可谓是可圈可点，所谓的物联网就是在物品上打上二维码，这个二维码就像是物品的身份证，二维码里面可以有各种信息，比如可以对物品进行定位、跟踪，我们现在的快递都可以随时查看到达位置，这就是物联网技术让物品和互联网联通，物品成为互联网的一部分，物与人产生连接。

如果在物品的二维码中加入物品生产地信息、运输信息、销售信息，那么我们就实现了食品可追溯的功能，用户可以追溯食品的生产地、加工地、运输线路、销售地点等各环节的信息，让消费者了解符合卫生安全的生产和流通过程，提高消费者的放心程度，是保障食品质量的重要依据。比如：通过扫二维码就可查到食材信息、农药施用、生长环境、商标认证、食品产地、配送点位等信息一目了然，在效率、成本、用户体验等方面具有很大的优势，从根本上提高了现有追溯系统的智能化，发现食品质量问题后，调用数据信息，很快就能查到源头信息。

现在物联网技术在食品安全方面的应用已经得到重视，国内很多公司开发了相关的食品安全追溯系统，实现食品来源可追溯、去向可查证、责任可追究。在食品上都会印上二维码，让每个环节都把信息记录下来、上传网络，用户在扫二维码时就能知道食品的来源地及运输情况。

为了提升幼儿园食材从采购到加工监管的工作效率，幼儿园可以和开展食品安全管理的公司建立合作关系，让科技手段代替部分人工工作，减少因人工疏忽带来的损失。这种食品安全追溯系统操作非常简便，只要在手机上下载其App就可以随时使用。

3.2.2　食品安全教育

《3-6岁儿童学习与发展指南》中提到，家长和老师要引导幼儿养成良好的饮食习惯，帮助幼儿了解食物的营养价值，合理安排餐点等。通常幼儿园在一日生活活动组织中也会结合实际教学需要以及孩子们感兴趣的话题，安排食品安全知识方面的教学活动，引发幼儿积极参与学习和讨论。例如饮用白开水、不宜多食冷饮、膨化食品和油炸食品尽量少吃或不吃等，而且要幼儿思考，生活中为什么要禁止购买三无食品，为什么要购买那些有生产资质、信誉好的品牌厂家的产品等。带着问题与老师一起实地参观幼儿园食品安全监管系统。比如，借用食品安全智慧阳光监管系统App，向幼儿介绍厨房的情况，展示不安全的食品报警。在亲身体验与操作的过程中，让孩子们了解到智能化系统的神奇，看到成人为了保障他们的健康成长所做出的努力，让孩子们体会到成人对他们的保护与关爱。

在幼儿园的食品采购中要提高食品安全的意识，有条件的幼儿园可以利用物联网技术打造健康食堂，物联网技术在食材采购、存储、农药残留检测、食物制作管理、食堂日常检查、消毒等环节都会有预警提示，减少人为的失误。让科技把好每一道关，比如，在食品安全溯源环节，为保证采购的食材新鲜，要通过票证高拍仪扫描每个产品的票证，在数据库查证比对之后将拒绝不合格的原材料入库，对违规操作入库的行为进行预警。在冰箱中储存时间长的食品也会发出警报。在浸泡池中企业会安装感应器，感应器用于采集蔬菜浸泡过程中的水位、水压和浸泡时间等数据，操作不规范会引发系统预警。通过这些高科技手段可以对幼儿园食堂实现高效监控。

一旦出现预警信息，幼儿园相关负责人会及时处理。保证实现对食堂信息的有效控制。系统管理具备安全性、及时性和有效性。

幼儿教育的内容来源于生活，他们在认识周围的世界过程中获取知识经验，作为幼教工作者要创设一切可利用的环境条件，吸引孩子们参与到实际生活中，激发他们的求知欲和探究兴趣，鼓励他们大胆猜测，大胆尝试，自由充分表达。

3.3 饮食营养均衡：利用大数据营养配餐，精准饮食

3.3.1 幼儿园膳食营养健康教育

2019年4月1日，由教育部、国家市场监督管理总局、国家卫生健康委员会等三部委制定的《学校食品安全与营养健康管理规定》正式施行。规定中明确支持学校对膳食营养均衡等进行咨询指导，推广科学配餐、膳食营养等理念。科学配餐与均衡营养是保证儿童健康成长的关键，也是幼儿园卫生保健的重要工作。

3~6岁的幼儿正处于生长的关键期，新陈代谢旺盛，大脑和神经系统发育迅速，各系统、各器官逐渐成熟和完善起来，这就需要大量的营养物质。合理膳食、均衡营养对于保证幼儿身体和智力

正常发育以及预防疾病、提高健康水平起着重要作用，但是很多幼儿在进餐过程中存在一些问题，如挑食、吃饭注意力不集中、边玩边吃等，也有些幼儿由于膳食营养结构不科学，食用过多甜食、油炸食品，导致过度肥胖，并引发过早发育等相关疾病。这就需要幼儿园要与家长共同携手，从了解幼儿生长发育特点入手，了解蛋白质、脂肪、碳水化合物、维生素、矿物质、水，六大营养素的占比，通过智能软件合理搭配，科学调配膳食，提高食物的营养价值。在保障食品安全健康的前提下，再考虑食物在色、香、味、形的多样化，引发孩子进餐的欲望。

近些年，幼儿园和学校都开设了食育课程，深受大家的欢迎。幼儿园食育课程能引导幼儿树立正确的饮食观念、养成科学的饮食习惯。食育课程包含了食品营养、食品鉴赏、食材制作、饮食创新和人文美食等方方面面，贯穿于幼儿园的一日生活中。一些幼儿园探索尝试将数字化技术融入幼儿园食育课程当中，为食育课程的建构增加了亮点。

亮点一："海的味道，我知道"

在开展"好吃的海产品"教学内容时，教师可以从"大海""海鲜市场"场景入手，借助VR技术带领孩子深入"海洋""海鲜市场"去面对面认识可以做成食物的海洋鱼类、藻类等生物，了解它们的习性、食用价值和制作方法。AR技术可以指导小朋友完成制作"海鲜"食材的操作，满足孩子们的好奇心和动手操作愿望。

亮点二："舌尖的美食，中国的文化"

食物是给人们生活带来仪式感的。幼儿园借助多媒体技术向幼儿展示美食的同时，也会引领孩子们感受中华饮食文化的精致与源远流长。"看着挖出的春笋，吊起的风干腊肉，闪亮亮的捕鱼网，揭开锅热气腾腾的肉包子，噼噼啪啪的热锅炒菜"从舌尖上的美食到味蕾上的家乡，地大物博的中国，已经深深地留在孩子的眼中、口里，印刻在孩子们的心里，无须老师反复讲述。

亮点三："迷你菜园，一起来种菜"

智能化"迷你菜园"可以调节温湿度和光照，幼儿园在室内就可以种菜，孩子们可以积极参与，并记录蔬菜生长过程。在老师的帮助下可以通过电脑远程无限调控，如果需要降温，智能系统就会开启风扇，如果干燥，小型水泵就会浇水，光照不足的情况下灯光也会自动开启。用物联网来调控菜园，只需在电脑上安装软件，就可以实现随时随地照顾瓜果。"迷你菜园"不仅丰富了食育课程内容，也为幼儿园科学活动区开辟了新空间。

生活即教育。近几年，北京市朝阳区一些幼儿园在食育方面的课程建设方面进行了深入的探索和实践，在食育课程中以饮食观念、饮食文化、食品安全、营养价值等知识经验教育为一日生活教育的切入点，结合多种多样烹饪、种植等实践培育，引导孩子从视觉、听觉、触觉、味觉全方位获得有关"食"的知识经验，在不同场合进餐时掌握应具备的餐桌礼仪文化，孩子们将所学迁移到生活中感受饮食之美和文明之美。

3.3.2 建立儿童营养配餐系统

保障幼儿的饮食安全营养一直都是家长们关心的问题，做好幼儿在园的餐点为幼儿健康成长服务也是幼儿园的工作重点。采用智能化技术管理的幼儿园大多选用更为智能和安全的儿童营养配餐推送系统，借助互联网云端架构以及模块化设计的专业分析系统，实现对幼儿园幼儿信息的搜集整理和分析。幼儿配餐系统包括制作食谱、营养评估、智能配平管理、采购量自动转换器、食材智能配送安排、食谱营养素智能精准评估、智能跟踪和追溯、食谱到采购订单的自动转换和营养食谱的智能化调整，幼儿园的幼儿营养师和班级教师也能够在系统中随时跟踪幼儿身体发展状况，特别是对个别特殊儿童的营养状况做到全面掌握，结合不同年龄段不同体质的幼儿，系统自动预算出一日餐点各种食材分量，达到合理膳食的目的，可以保存配餐食谱、生成营养配餐标准报告、营养配餐综合分析报告、营养素的贡献评价报告等，智能技术助力幼儿健康成长。

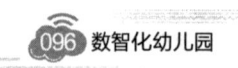

幼儿配餐系统的营养健康管理平台支持幼儿家长查询营养分析的详情信息，营养摄入量的占比，各类不同类型的食物摄入占比，食物中的能量、脂肪和蛋白质的组成等，让家长积极参与到幼儿园的管理工作中，掌握科学的幼儿膳食管理方法。依据食物成分表建立食材数据库，保证孩子营养均衡，可以对食谱进行营养均衡分析，得出营养评估报告，如果发现营养不平衡，可以及时进行调整，形成最终食谱，幼儿园厨师结合考勤人数，形成食谱计划，结合库存食材情况，形成采购计划，同时系统有食材追溯功能，将食材相关的信息生成二维码，根据生成的二维码，对食材进行跟踪，根据幼儿园的食谱和体检结构进行大数据分析，然后对食谱进行调整。

通过这个系统，幼儿园可以在没有营养师或营养师不专业的情况下，通过系统列出的儿童食谱，在几分钟内搞定一周营养配餐规划，同时提供具有科学依据的营养分析。

面对一些幼儿园在膳食管理过程中，对儿童营养配餐概念不够清晰或现有园内营养师工作能力水平良莠不齐的状况，如何保证幼儿的营养均衡，维护幼儿的身体健康，幼儿园需要借助人工智能的力量，帮助幼儿园解决实际问题，提升幼儿园膳食管理工作质量。因此营养配餐系统具有图3-2所示的优点。

方便
一键配餐，智能生成食谱

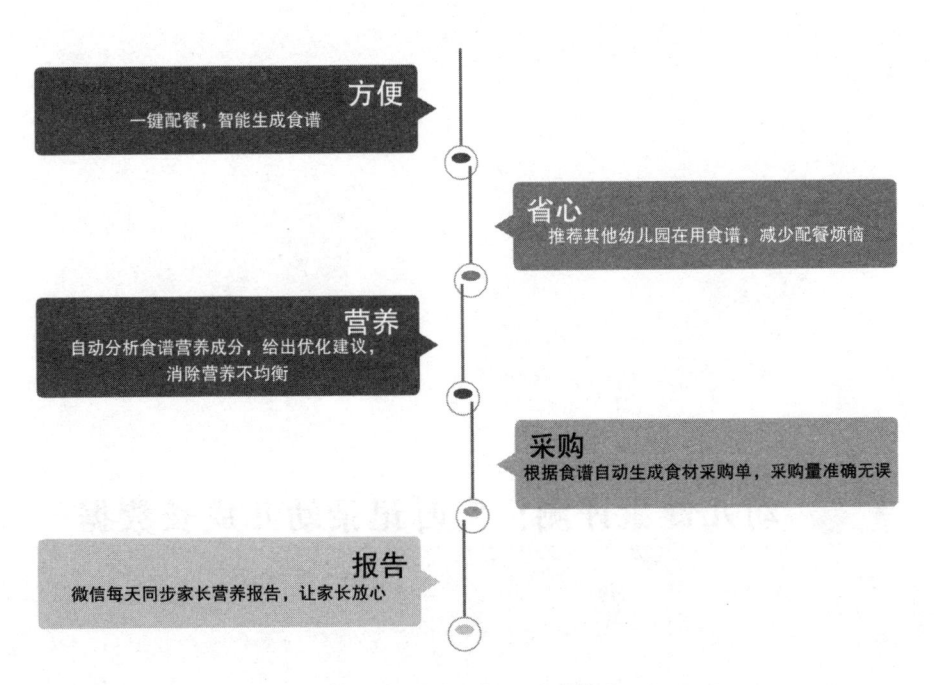

省心
推荐其他幼儿园在用食谱，减少配餐烦恼

营养
自动分析食谱营养成分，给出优化建议，消除营养不均衡

采购
根据食谱自动生成食材采购单，采购量准确无误

报告
微信每天同步家长营养报告，让家长放心

图3-2 营养配餐系统的优点

3.4 幼儿健康评测：实时记录幼儿成长数据

3.4.1 幼儿成长数据自动采集技术

幼儿的健康始终是国家、幼儿园和家长关心的重要方面，幼儿年龄小，抵抗力差，所以容易生病，同时幼儿处于生长发育期，定期为幼儿体检、记录成长数据都是幼儿园的重要工作。传统幼儿园对幼儿成长数据的记录往往依赖人工录入，建立幼儿健康档案，工作量很大，还容易出错，同时人工对这些信息进行分析也是很难的，更难对幼儿健康状况进行全面客观地评价。因此，幼儿园急需用数字化技术来建立幼儿健康信息实时采集系统。幼儿园定期开展的健康体检和智能测试，是监控幼儿健康成长记录系统的重要部分。准确记录这些数据并上传至系统服务器，可为幼儿阶段性健康状况及幼儿卫生保健提供有效数据支持。

针对以上情况，市面上已经出现了多种智能幼儿健康信息实时采集系统，能够有效解决目前信息数据不全面、资源零散、记录工作量大而低效等问题。

智能幼儿成长记录系统可以利用身高测定仪、体重测定仪、心率监测仪、骨密度检测仪、3D成分分析仪等医疗器械对幼儿进行成长数据记录，详见图3-3。

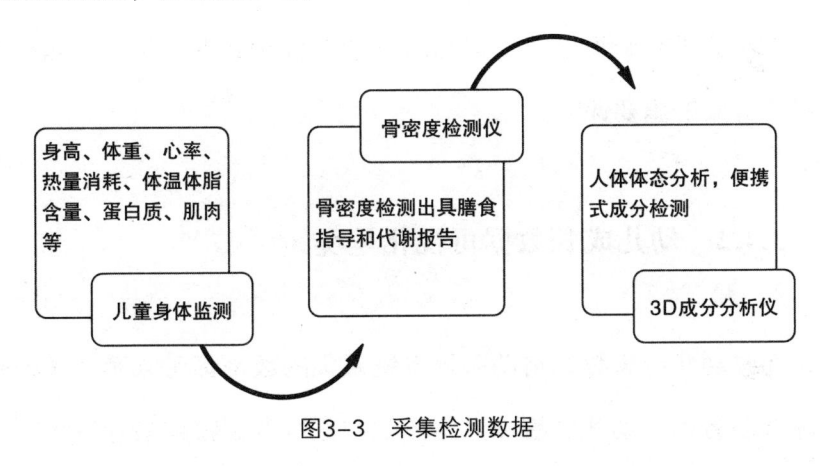

图3-3 采集检测数据

另外，很多公司开发出智能晨检机，这种一体式晨检机让幼儿园的日常体检变得非常方便，它是通过人脸识别、大数据等技术，通过识别算法几秒钟即可完成幼儿的手、口、眼的检测，同时也可以测体温、身高、体重等信息，在孩子入园时，在幼儿园门口几分钟即可完成基础体检，可以及时了解孩子的身体健康情况。同时这些信息可以及时传送到幼儿园健康系统和家长手机上，让家长放心，幼儿园自动建立幼儿园健康档案。

智能幼儿成长数据采集系统具有如下特点：

一是幼儿健康数据自动采集，完全摆脱过去的手工操作，让体检变得更轻松；

二是幼儿健康数据自动发送到幼儿园教师和家长手机上，让幼儿园和家长及时掌握孩子的健康情况。

幼儿园是幼儿社会生活和学习生活刚刚开始的地方。在3~6岁成长的关键期，孩子身心健康和谐发展不仅需要教师的悉心培育，还需要多方的协调配合，所以做好幼儿的健康数据采集和监测是幼儿身体健康的重要保障。

3.4.2　幼儿成长数据可视化呈现

通过幼儿健康数据自动采集系统采集的数据都可以通过园内网传输至服务器。幼儿园检测数据搭配家庭端数据跟踪指导系统完成儿童营养综合检测的指导、干预和跟踪。同时这些采集的数据综合大数据技术和云计算技术，对儿童健康成长进行数据分析，针对分析报告提出具有针对性的改善意见，以便幼儿园和家长随时掌握幼儿的健康状况，保障幼儿身体健康状况总体良好。我们需要评价的项目见图3-4。

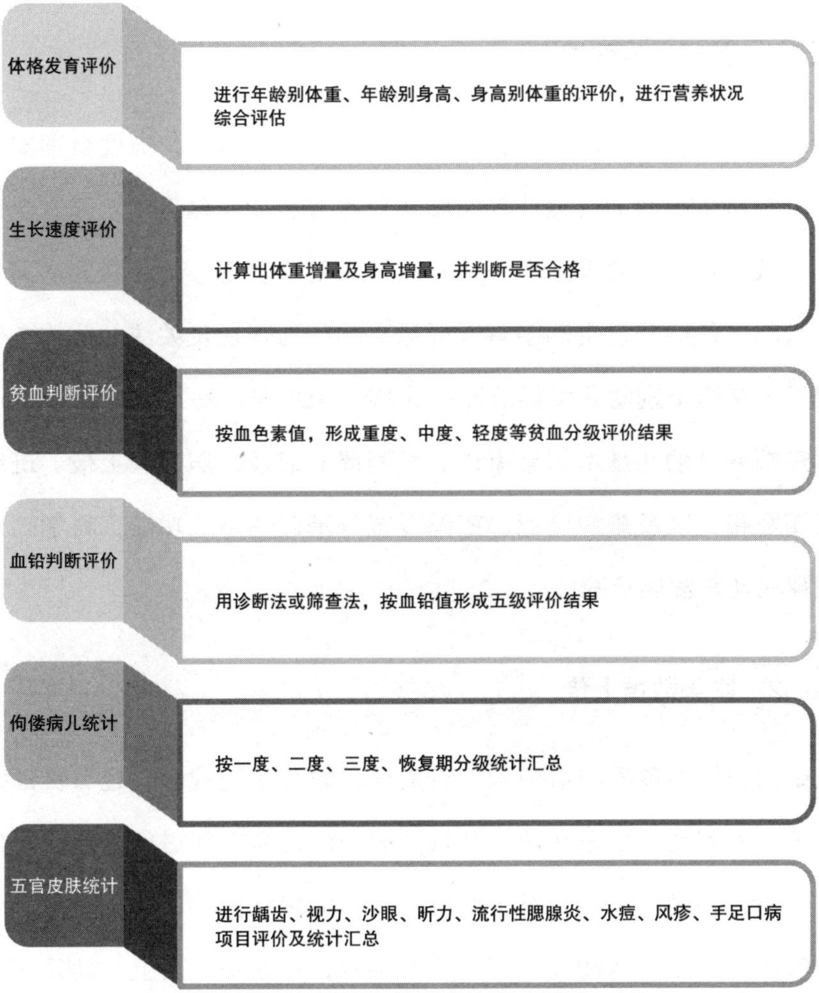

评价项目	说明
体格发育评价	进行年龄别体重、年龄别身高、身高别体重的评价，进行营养状况综合评估
生长速度评价	计算出体重增量及身高增量，并判断是否合格
贫血判断评价	按血色素值，形成重度、中度、轻度等贫血分级评价结果
血铅判断评价	用诊断法或筛查法，按血铅值形成五级评价结果
佝偻病儿统计	按一度、二度、三度、恢复期分级统计汇总
五官皮肤统计	进行龋齿、视力、沙眼、听力、流行性腮腺炎、水痘、风疹、手足口病项目评价及统计汇总

图3-4　幼儿健康状况评价项目

评价结果可以针对个人出检测报告，也可以针对全班和全园出集体汇总报告，然后经过分析，挖掘其价值，才能为幼儿的成长提供帮助。幼儿成长数据的收集和分析需要教师和家长一起努力才能实现。

1. 教师上传数据

幼儿教师作为幼儿成长的主要参与者和引导者，需要合理安排幼儿一日生活活动、设计并实施幼儿教育活动、熟悉幼儿园安全管理、做好家长沟通等工作。幼儿教师需要观察记录幼儿在园学习生活状况，包括一日生活中有典型意义的行为表现及关注幼儿的个体差异，掌握个别幼儿发展的速度、特点和倾向。幼儿教师利用App客户端通过幼儿基本信息审核、发展情况记录、病事假上报、班级通知发布，以及账户设置、密码设置等基础性系统功能，科学高效地评估幼儿发展状况。

2. 家长数据上传

家长作为孩子的监护人，有责任保障孩子的健康，也有责任把孩子在家的情况记录在册，并且及时与幼儿园老师进行交流，比如孩子情绪不稳定、言行举止异常、身体健康状况等信息。幼儿园可以借助数字化技术建立家园共育的平台，在这个平台上，幼儿园老师和家长都可以随时留言，幼儿家长可以在平台上进行异常记录、给幼儿请假、幼儿园通知查看、幼儿近期情况播报等。在这个平台上，家长对孩子情况的记录，可以帮助幼儿园老师全面掌握孩子发展过程中的问题状况，从而制定更加适宜孩子情况特点的教育教学计划。

将教师和家长的基本数据进行统计和分析，即可综合评价孩子的健康状况，幼儿园通过在园幼儿日常健康状况、定期体检结果、膳食营养分析等方面的数据积累并进行综合分析，并在此基础上设定基础监测预警功能，为每位在园幼儿建立动态健康电子档案，实现基础监测预警功能，能有效帮助园所和家庭动态了解、科学分析幼儿生长发育状况，帮助园所、家长及时做出膳食调整，做到综合监管、立体跟踪、家园相结合的膳食健康监督机制。

　　除了膳食健康的评测，还需要关心幼儿其他方面的成长。20世纪90年代以来，美国著名教育心理学家霍华德·加得纳提出的多元智能理论，从教育理念到方案设计和实施，都对我国幼儿教育领域产生了深远的影响。多元智能理论的教育过程和学习方法是肯定每个幼儿都具有多元化智能，都有自身的优势，指导成人用发展的眼光和接纳的态度看待幼儿的发展，关注幼儿自身的发展过程，避免幼儿与幼儿间的横向比较。

　　多元智能理论指出人的智力结构中存在着八种相对独立的智力，即语言智能、数学逻辑智能、音乐智能、空间智能、身体运动智能、人际交往智能、内省智能、自然观察智能，如图3-5所示。

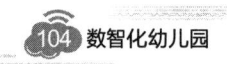

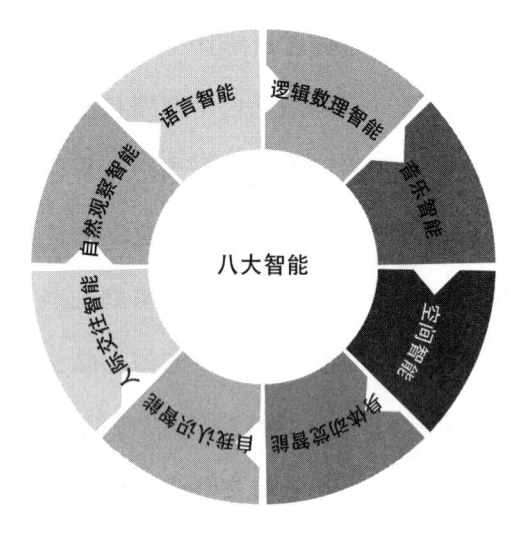

图3-5 人的八种相对独立的智能

幼儿多元智能测评是幼儿园实施多元智能课程活动过程中不容忽视的一个环节。基于多元智能理论，通过幼儿成长数据分析，可对不同年龄层次、不同发展阶段、不同能力水平的幼儿评价提供有效的帮助，是检验教育过程和教育效果的有效工具，可使教师和家长全面了解幼儿的发展状况，不要片面追求知识和技能的学习，应该兼顾孩子人际交往能力和自然观察能力的发展。家长和老师也要明确评价的目的是了解孩子的发展需要，以便制定和提供更加适宜的帮助和指导。

综合上述这些数据，通过大数据技术可以将这些数据按不同类别进行统计，自动生成各种需要的报表和实时动态图表，同时可以进行数据分析，这些统计和分析结果，可以直接发送到家长手机上，也可以上传到幼儿园相关部门，让大家及时掌握幼儿的健康状况，并采取相应措施，这就是数据可视化的优势，大量数据轻松处理，尽管数据的数量一直在增加，变得越来越庞大，整理这些海量数据是非常烦琐的工作，但软件依然可以呈现简单明了的图表格式，而且是一键实现，轻松将实时数据可视化，通过将数据可视化，就可以加速信息呈现，老师们可以轻松搞定常见的健康分析数据，再也不用自己编制复杂的表格，而且数据可以自由组合，重复使用，按不同需求输出图表。

第 4 章

安全：
科技赋能防护新模式

幼儿园的安全问题是幼儿园、家长和社会都十分关心的问题，消除安全隐患一直是幼儿园非常重视的工作要点，而科技的进步，为我们提供了很多新思路、新方案。幼儿园需要借力发力，让信息技术为幼儿园安全工作赋能，让数字化技术在幼儿园工作中得到更广泛的应用。

4.1 人身安全：智能穿戴、智能家居获取幼儿的实时数据

4.1.1 智能消毒喷雾手环，避免病毒传播

近几年反复出现的新型冠状病毒性肺炎疫情，引发了人们对防疫防控工作的重视和理解，口罩、消毒酒精、消毒设备一切可以阻断病毒传染的物品设备都派上了用场。应对疫情除了大家普遍认同的戴口罩外，随时做到手部的消毒也是保护人身安全的必要措施。如果是居家或者在其他室内场所，用洗手液洗手清洁消毒很方便，但是在户外清洁手部就不那么容易了，一般的做法是找有洗手池的公共洗手间，或随身携带着一瓶免洗消毒液体在口袋里，一旦忘记带了，就尴尬了，成人嫌麻烦，对幼儿来说更是不容易做到随时洗

手随时消毒。

工业设计师开发了一款能够随身携带的手环产品，它可以随身携带，需要时可以喷出消毒液，既方便携带，又能随时消毒，如果给孩子佩戴这样的方便手环，孩子就可以随时消毒双手，减少疾病传播。这种手环就是由安装一个微型电子泵，生产起来不复杂，使用起来更是非常方便，轻按开关就可以喷出消毒液，平时，只要在孩子出门时加入消毒液即可，不需要复杂的程序。在新冠病毒流行期，我们为孩子准备一个这样的手环是十分必要的，无论是室内还是户外佩戴上这样一款智能消毒手环的话，就不用担心孩子们参加活动的时候不方便洗手而受到细菌或病毒的侵害了。据说，这个手环也可以装驱蚊液，防蚊效果也不错，可见人们戴上手环无疑会降低感染新冠病毒的风险，而且在蚊虫盛行的时候还可以驱蚊，一举多得，既方便又节省了资金。

4.1.2　GPS智能穿戴设备

近几年，儿童智能手环成为热点，其功能不再单一化，呈现越来越智能，越来越强大的发展趋势。不仅因为手环可以记录孩子日常生活中的锻炼、睡眠、饮食等实时数据，起到通过数据指导孩子健康生活的作用，还因为大部分具有GPS定位功能，通过识别孩子佩戴手环时常去的地方，然后建立安全区域，当孩子越过安全区域时，系统就会向家长的手机发出报警信息，及时提醒孩子和家长。

智能穿戴又可以称为可穿戴设备，是应用穿戴式技术对日常穿戴进行智能化设计、开发可以穿戴的设备的总称，如眼镜、手环、服饰等。可以说，智能可穿戴设备是智能技术的一个跨越式发展的产物，将智能技术融入设备中，可以有效地直接获取人体的综合指标，不再经过烦琐的手段和程序，随时可以测得。

GPS即全球定位系统，20世纪80年代由美国国防部建立。随着科技的发展，越来越多的智能设备结合GPS技术在人体的身体活动测量、体育运动训练和比赛中应用。智能手环就是GPS技术结合智能穿戴的一个成熟产品，可以用于监测幼儿地理位置、体温、心率等特征。

除了以上GPS智能穿戴设备外，还有生产智能手表、智能鞋等其他形式的穿戴产品，高精准的定位功能，给孩子的人身安全增添了一份科技保障。智能手表、智能鞋可以帮助家长用手机随时随地查到孩子的位置信息和行动轨迹以及判断周围环境状况，特别是在大型户外活动组织中如果遇到发生走失或遇险等紧急状况，救援人员将会根据释放的SOS信号进行专业分析，开展营救，确保人员安全无损失。

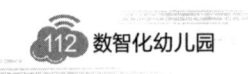

4.1.3 智能穿戴设备的未来

智能穿戴设备未来在幼儿健康、安全、娱乐、学习等方面都会有不同凡响的表现（见图4-1）。相信随着智能穿戴设备技术日臻完善，应用的领域会越来越广。

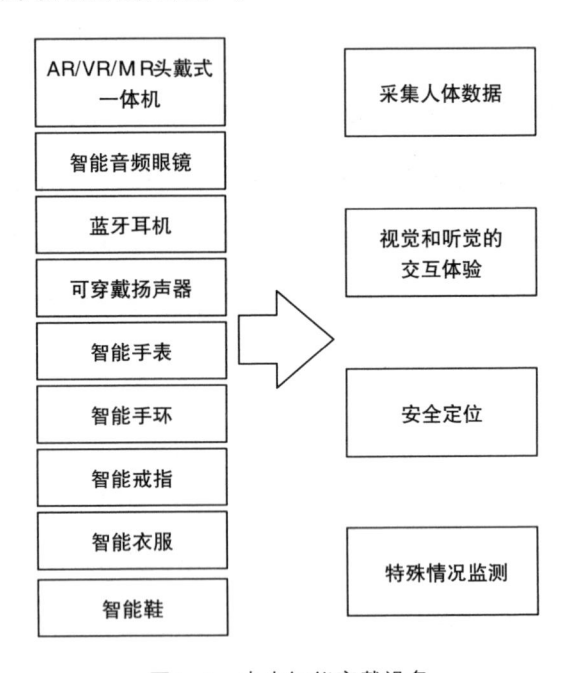

图4-1 未来智能穿戴设备

1. 采集人体数据

智能穿戴设备可以说是开启了健康管理的新时代，它具有强大的数据采集功能，而且这种数据采集是在不增加人们负担的基础上随时随地采集，既方便又全面，让人们对自己的健康状况有全方位的监控，对于孩子健康的监控是家长和幼儿园关心的问题，现在智能穿戴设备在幼儿健康方面的应用也已经有了可喜的尝试，比如，智能手环可以随时采集孩子的步数、心率、消耗热量、体温等数据，方便家长和老师随时掌握孩子的身体健康状况，及时做出健康指导，同时教师也可以根据孩子健康数据安排孩子一天的活动。

还有公司研制出智能袜子和智能睡衣，内嵌传感器、加速计等装置，这种智能袜子和智能睡衣，不仅仅能监测孩子的心率、体温，还可以监测孩子睡眠姿势、睡眠质量。

相信随着技术的进步，智能穿戴设备可以采集的数据会越来越多，对健康的监控能力会越来越强。

2. 视觉和听觉的交互体验

VR眼镜作为一种智能穿戴设备已经得到很多人的喜爱，尤其是它让人有身临其境的感觉，让孩子们非常喜欢，所以现在将这一技术在幼儿园的教学中得到应用被很多人看好，它不仅通过视觉和听觉对孩子的感官形成刺激信息，同时它可以让孩子们沉浸在虚拟的世界里，与周边的环境形成互动，自由操控虚拟世界里的动物或器械，探索和发现新的知识，这样的学习过程相比教师的讲解会生动得多，更适合低年龄孩子对世界的认知和探索。

3. 安全定位

目前可穿戴设备应用比较多的就是安全定位功能，主要是通过儿童智能手表实现这一功能，儿童智能手表主要具备语音通话、多重定位、智能防丢、一键求救、远程监听、电子围栏等功能，这些功能是孩子安全成长的重要保障。不论是家长还是幼儿园，对孩子的安全问题都是非常重视，因此智能手表这几年销量很好，功能也在不断完善，不仅仅局限在定位功能，还扩展到语音通话、好友、短信等功能，这些功能都受到孩子们的喜爱。

4. 特殊情况监测

目前智能穿戴设备除了能检测体温、心率等健康数据，还可以对孩子的跌倒、尿湿、出汗程度等问题进行监控，这些监控可以保证家长及时了解孩子的情况，在孩子需要帮助时及时提供帮助。

随着5G技术、芯片技术、电池技术、传感技术、柔性材料技术的发展，可穿戴设备将呈现出容量更大、延迟性更低的特点，设备的续航能力也将大大提升，应用场景也会进一步扩大，重量更轻、移动性更好也将是各厂家竞争的焦点，这些都将更大程度地促进可穿戴设备的升级换代。同时随着智能可穿戴设备的普及，市场也将进一步细分，对于婴幼儿市场的针对性将更强，针对婴幼儿在健康、照料、安全等更多方面都会不断推出更好、更精准、更周到的产品。

　　由上可见，智能穿戴设备前景广阔，随着技术不断进步，产品也在不断更新迭代，应该说未来智能穿戴设备将会呈现普及的趋势，成为人们生活中的必备用品。

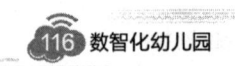

4.2 幼儿园安全：基于数字化技术构建幼儿园安全管理系统

4.2.1 智能幼儿园园内安全监护系统

儿童安全与儿童保护一直是社会关注的热点和焦点。随着办园主体多元化和办园形式多样化，幼儿教育区域发展仍然存在办园投入、硬件设备、师资力量发展不均衡的状况，应高度秉承依法办园的理念，加强幼儿园安全管理，把保护幼儿园孩子们的安全作为幼儿园工作的重中之重。

"千里之堤，毁于蚁穴"，管理者尤其要关注幼儿安全中的薄弱环节，孩子在幼儿园内的一切活动都应该有智能监控系统作为老师的得力助手起到监护作用，因为老师的精力和注意力都是有限的，某个孩子一旦不在老师视线范围内，就有可能会有意外的事情发生，或和小朋友发生肢体冲突，或追跑打闹时发生跌倒等等，这些意外都需要智能监控系统帮助老师及时发现问题，智慧幼儿园园内安全监护系统应该包括幼儿精准定位系统、园区网络视频监控系统。

1. 幼儿精准定位系统

幼儿园孩子数量众多，无法每时每刻都做到老师看管，同时家长在见不到孩子时也很牵挂，这时使用幼儿精准定位系统是比较必要的，见图4-2。

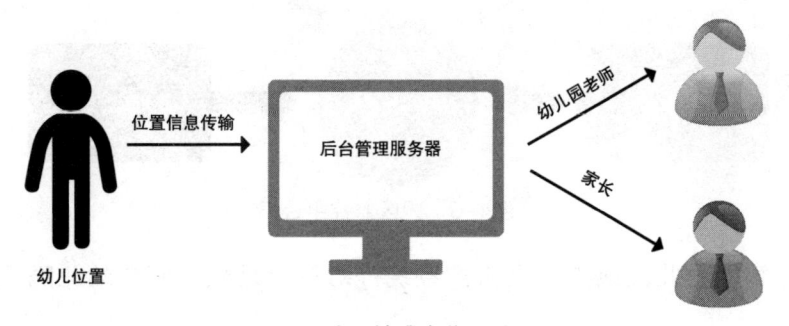

图4-2 幼儿精准定位系统功能

这种幼儿精准定位系统有如下特点：

第一，安装成本低，便于携带，一个手环就可以解决问题；

第二，位置精准，对孩子行动轨迹可以进行跟踪；

第三，幼儿园老师和家长都可以随时掌握孩子的位置。

2. 园区网络视频监控系统

为了保证幼儿园内孩子们的安全,幼儿园内应该做到监控全覆盖,主要分布地点应该包括教室、睡眠室、餐厅、活动室、户外活动场地等位置,以便教师及时了解孩子的情况,消除安全隐患,提高幼儿园安全管理的水平,见图4-3。

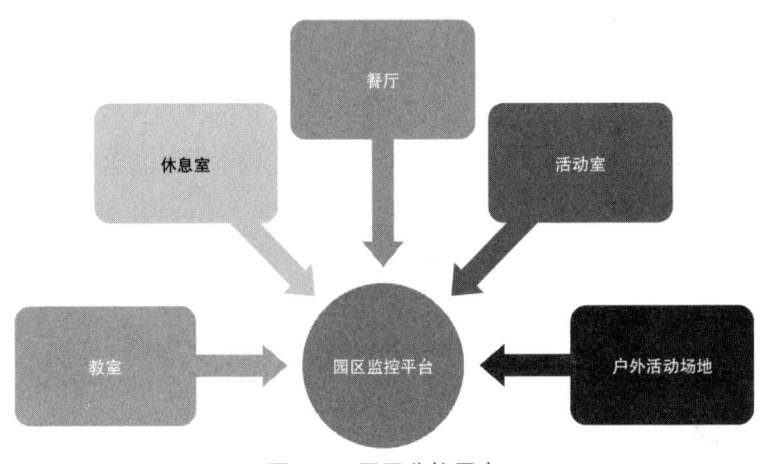

图4-3 园区监控平台

智能幼儿园园内安全监护系统针对的就是孩子们在幼儿园内活动场所的安全,它能够起到一定的预防作用,同时也能够提升幼儿园管理的品质和影响力,同时增强幼儿园管理的透明度,让孩子的活动得到全方位监护,家长能够及时了解孩子在幼儿园的活动情况,能够放心地把孩子交给幼儿园。

幼儿的安全是其健康成长的前提,将新的科技手段有效运用到幼儿园的日常安全管理中,能够有效避免一些不安全事件的发生,保障幼儿平安入园,平安回家。

4.2.2 幼儿园安全管理一体化系统

伴随着信息化智能化科学技术的发展,智能化安全管理系统产品层出不穷,也助推了传统幼儿园安全管理模式的转变。以集团办园为例:总园与分园之间的安全管理工作应统一安排和同步管理,但往往是想的和做的不一样,难免在人工操作过程中出现一定的误差,再加上人员工作经验能力原因,各园相互间的安全工作管理难以确保旗鼓相当,在这样的情况下,幼儿园可以借助高科技智能系统统一监督管理,通过大数据分类统计,高性能的云计算让分园和总园无缝对接。根据园所共性设计安全管理系统,采用先进的数字化技术,设计幼儿园安全管理一体化系统,做好全方位、精细化安全管理服务。

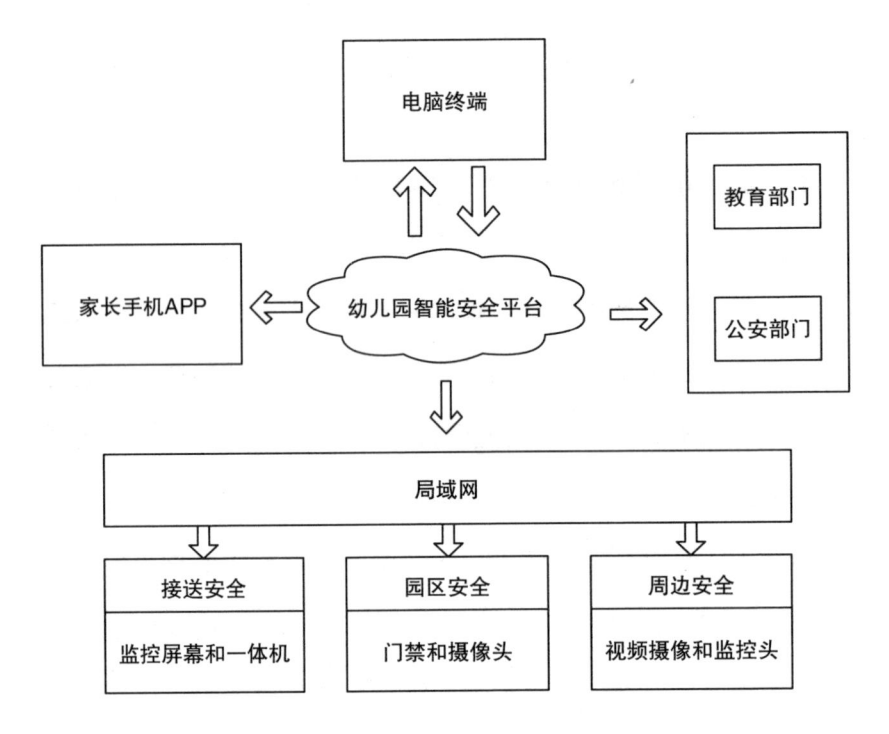

图4-4 幼儿园安全管理一体化系统

幼儿园安全管理一体化系统是对幼儿园做全面、系统的安全管理，本节重点介绍一下智能门禁系统和周边安全监控系统。

1. 智能门禁系统

幼儿园安全隐患中非常重要的环节是在接送环节上，幼儿园使用智能门禁系统，可以有效地抑制幼儿园安全事故的发生。这套智能门禁系统应该具备下述功能，见图4-5。

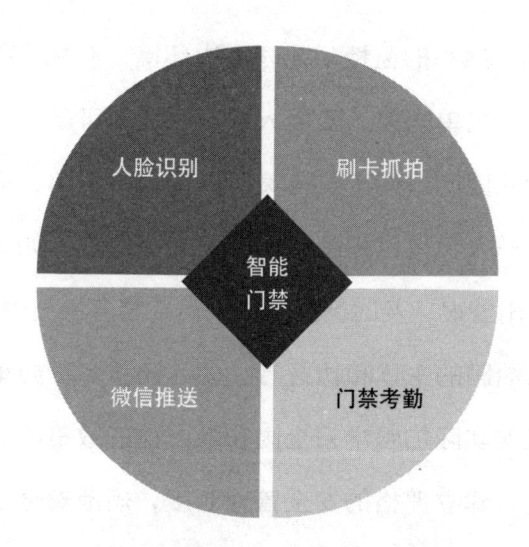

图4-5 智能门禁系统的主要功能

智能门禁系统应具有如下特点：

第一，具备考勤功能，在家长接送孩子时，都会现场比对双方信息，并同时发送幼儿园老师和家长手中，保证信息准确无误；

第二，具备使用便捷性，使用者不需要复杂的培训即可掌握操作要领；

第三，具备一定的扩展性，一般的智能门禁系统都会根据客户的需求进行升级；

第四，便于维护，智能门禁系统的维护工作是自动维护，即便发生断电等障碍，系统数据都会有备份，不会造成系统崩溃。

2. 周边安全监控系统

幼儿园门口也是安全监控的重要场所，在幼儿园门口安装全彩

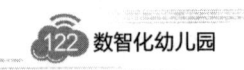

智能监控，可以24小时监控幼儿园周边环境，尤其是夜视功能比较好，可以具有黑名单防控、陌生人识别、发现可疑人员自动报警，对经常出没幼儿园门口的可疑人员可以加入黑名单，进行黑名单管控，发现黑名单人员可以提醒工作人员加强警戒。如果发现有翻墙入侵者，会发出警报，及时提醒工作人员或警务人员进行干预。

作为依法治园的主体和执行者，幼儿园教职工要牢固树立法律意识，联系工作实际加强学习全国和地方性的政策法规文件，自觉地遵守和践行，建立严格的安全管理制度，规范安全工作程序，及时完善并调整安全方案措施，借助高科技智能系统全面建构"预防—监测—预警"一体化的管理网络模式，降低因人为疏忽和误判造成的损失，从源头杜绝一切安全事故的发生。

幼儿园的安全管理关系到家庭幸福、社会稳定，所以安全管理始终是幼儿园管理工作的重中之重，智能型的幼儿园安全管理不管是园内还是园外都能得到很好的监控，营造安全的教育环境是依靠幼儿园、家庭、社会的协同配合，幼儿园要不断完善幼儿园安全的规章制度，增强安全防范意识，并且做到制度落实到人，负责安全的老师应该定期检查园内外各种设施和设备，发现问题及时解决，同时幼儿园应该积极与当地公安警务部门密切配合，经常对幼儿园周边进行走访，排查安全隐患，定期撰写安全报告，以便幼儿园领导监督检查。

智能安全管理系统为幼儿安全保驾护航，但提高幼儿的安全意识和自我保护能力，加强幼儿园安全教育，也是至关重要的教育任务。所以幼儿园也要安排定期的安全教育，只有提高每个人的安全意识，才能和智能安全系统形成完美配合。

4.3 晨午检系统：及时发现幼儿安全隐患

4.3.1 打造幼儿园晨午检系统的意义

幼儿园晨午检工作始终是幼儿园非常重视的工作，本着对幼儿健康负责的态度，幼儿园严格做到因病缺勤、病因追查与登记制度，做到传染病疫情早发现、早报告、早处置，特别是做到对手足口病等传染病早发现、早诊断、早报告。

幼儿园普遍建立晨午检制度，卫生保健人员负责晨、午检工作落实。因此，对幼儿园各项工作来说，做好幼儿晨午检的工作意义重大。

新冠肺炎疫情以来，很多幼儿园除了晨检以外，也加强了午检。幼儿园晨午检非常重要，每天做好晨午检，才能保证幼儿在园内安全健康地度过一整天。早隔离、早治疗。

晨间、午间检查，简称"晨检""午检"，是学校、幼托机构等集体单位为了加强防范传染病工作，保障幼儿健康安全而采取的一种重要预防措施。换句话说，晨检、午检的主要目的是防止幼儿将疾病及危险物品带入园所，这就相当于为幼儿的健康和安全上了一层保护屏障，既维护了幼儿健康，又保障了幼儿人身安全，具有双重意义。然而，有些幼儿园的晨午检存在一些不容忽视的现象。

1. 工作量大，工作效率低

幼儿园保健医少，幼儿多，晨午检工作量，流于形式。在对幼儿检查的过程中，手工记录相关数据，经常会出现写错或漏记的情况。

2. 信息不公开，家长很焦虑

大多数家长希望获得孩子在园的信息，特别是班里小朋友健康状况，一旦出现类似传染病的状况就会引发其他家长的担忧，生怕自己孩子被传染上。尤其是在疫情期间，检测数据只有幼儿园掌握，家长无法了解到本班幼儿的健康状况，因为信息不对称，家长与老师之间产生误解的情况也时有发生。

3. 信息不及时

依靠人工记录晨午检的幼儿园，如果出现人员交接工作过程

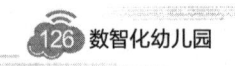

中，由于人为因素工作落实不到位，特别是在疫情期间出现错记漏记数据的情况，幼儿园就无法及时准确地获取数据。无法按照要求做到迅速上报地方教育部门，更有甚者，来不及层层把关，以至于事情发生后主管领导、主要领导不知情的现象，给自身的工作造成被动。

如今越来越多的幼儿园认识到，紧急信息的生命力在于实效性，过去传统的"一问，二看，三摸，四查，五量，六留验"的人工检查方法、管理流程、数据记录等可能会出现人员工作落实不到位、数据记录不准确、报送信息不及时等不良现象，管理者希望借助高科技手段，弥补工作中出现的漏洞。

基于移动App及大数据技术的幼儿园晨午检系统有以下功能，如图4-6所示。

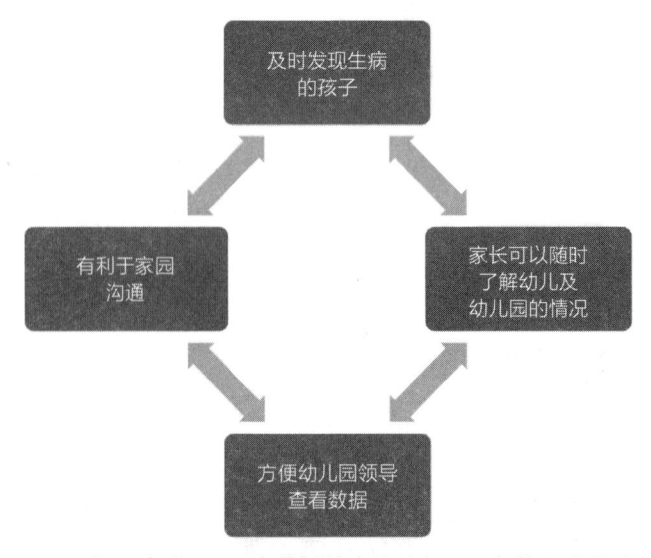

图4-6 基于移动App及大数据技术的幼儿园晨午检系统的功能

首先是做到早发现，早隔离。

在为幼儿检测口腔、手部、眼部的过程中，如果检测到有疑似异常情况，晨午检机器会自动触发指示灯和报警音乐，这期间，教师也可看到晨午检机器显示屏上幼儿手口眼的高清照片，幼儿是生病还是健康便可精准判断。

幼儿园通过晨午检发现生病的小孩，及时阻止流行疾病在幼儿园扩散；及时上报本幼儿园的生病小孩情况和记录相关数据，方便疾控部门掌握准确情况；幼儿园及时通知家长做好后续处理工作，并跟踪病情做好相关记录，直到病愈复课。

其次是数据信息准确，可查询。

家长通过系统能够了解孩子的晨午检情况，也可以了解孩子所在的班级和幼儿园卫生消毒防疫状况；病愈恢复期的幼儿需要特别照顾，家长可以通过App给幼儿园保健医和老师提出相应需求，并且能够从这个App里面看到孩子的健康状态。方便幼儿园管理者查看数据，了解在园幼儿的健康情况，及时发现问题，并结合工作实际做好常规的消毒和疾病预防的工作。

最后是预防疾病，增强幼儿免疫力。

幼儿园要为在园幼儿建立电子疾病预防管理档案，认真记录幼儿患病的情况，通过数据分析出容易生病的季节和时间段，对疾病发生有预见性的提示，当幼儿突发疾病时，幼儿园能够及时发挥保育作用，将发生疾病危险降到最低，切实保障幼儿健康成长。

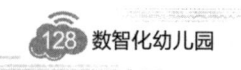

4.3.2 幼儿园晨午检智能机器人的应用

幼儿园引进晨午检智能机器人系统，替代了传统的人工晨午检模式，帮助保健人员和老师从烦琐、重复的工作中解脱出来，幼儿自主触发机器人模块传感器，快速完成体温、手掌、口腔、体重等项目检测，如果出现指甲过长的情况，机器人还会友好提示。完成检查后，机器人还会自动上传数据备份云端，家长、老师、幼儿园可及时了解到相关情况。

晨午检机器人采用非接触式红外感应测体温、超声波测量身高，精密平衡梁式压力传感器测量体重、体脂、血氧和BMI等值，还可以进行红外感应喷雾免洗手消毒。此消毒液安全无毒，不会对幼儿造成伤害。这些检测只要5秒即可完成检测，还可以生成多项数据报告。对于6岁以下儿童常见的"手足口""疱疹""传染性流感"等常见的幼儿传染病有比较准确的监测和识别，对于幼儿园来说可以大幅减轻保健医生的传统晨检工作，提高晨检效率和准确率，实现信息化、数字化校园。

晨午检机器人基于儿童晨检报告，结合幼儿园的幼儿档案，为幼儿园量身打造了一款儿童健康管理系统，幼儿园老师和家长都可以通过手机或电脑实时查看孩子的健康状况，并对异常情况及时做出反馈处理。通过人脸识别孩子身份，实现签到、测温、手检、口腔、身高、体重、视力等检测，并拍照留存，可手动标注"咳嗽、外伤、指甲"等异常情况。老师可通过机器人微信服务号推送食谱、通知等信息，家长可浏览、反馈相关信息。可通过语音、触屏等多种交互方式调取机器人上的教学资源，配合老师完成安全教育、卫生保健等教育内容。

这样智能化的晨午检机器人系统，在提升检查工作效率的同时也保证了数据的准确、不遗漏。

采用机器人来做幼儿常规健康状况检测，改善了一些幼儿园在晨午检查过程中存在的不规范形式，方便了幼儿园做好儿童健康成长数据统计，特别是加强了疫情之下幼儿园的防疫工作。

第 5 章

家园共育：
基于互通互联视角的"软实力"提升

在这个互联互通的时代，家园联系册已经成为历史，人们可以建立家园联系群，也可以有视频连线，特别是疫情之后，很长时间里，幼儿是居家状态，数字化技术从大有可为到大有作为，它让家园联系能够做到随时随地、形式多样，同时新技术不断更新，做到幼儿虽然不能来幼儿园，但老师对幼儿的教育并没有停止，孩子欢心，让家长放心。

5.1 利用网络平台，共建互动桥梁

1. 网络沟通在家园共育中的实践应用

家园共育是家长与幼儿园共同完成孩子的教育，也可以说孩子的教育过程不是由家庭或幼儿园单方面完成的，因此无论是家长还是幼儿园都一致认为只有双方形成合力，协同教育才能促进幼儿全面发展。随着信息技术越来越广泛地走入幼儿园和家庭，老师和家长之间的沟通不再局限于家访、线下家长会、纸质家园联系手册等形式，网络平台资源成为家园沟通首选的信息技术手段，特别是在疫情期间，采用数字化优质网络平台、APP等打破时空界限开展幼儿园和家庭联系，构建数字化沟通模式，整合幼儿园、家庭以及社区教育力量，构建温馨和谐的育人环境。

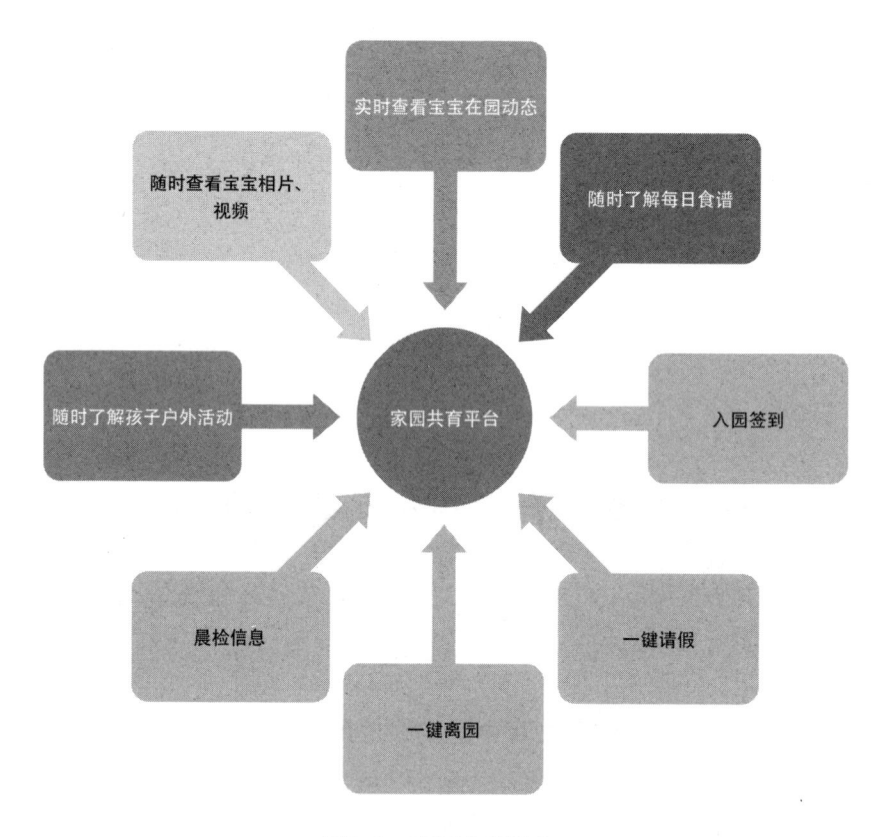

图5-1　家园共育平台

　　近些年，提高信息化应用效率，实现信息化增值服务，是家园共育工作发展的新模式。我们了解到，一些幼儿园借助网络资源平台，为幼儿健康成长提供个性化指导，也能依据家长需求设计家庭育儿活动方案，支持家庭教育持续有效发展，同时也满足了家长接受咨询、互动交流、急事特办的需求。

1. • 深化家园共育理念，建立合作伙伴关系
2. • 完善制度建设，确保家园共育取得成效
3. • 建立线上沟通平台，重构家园共育模式

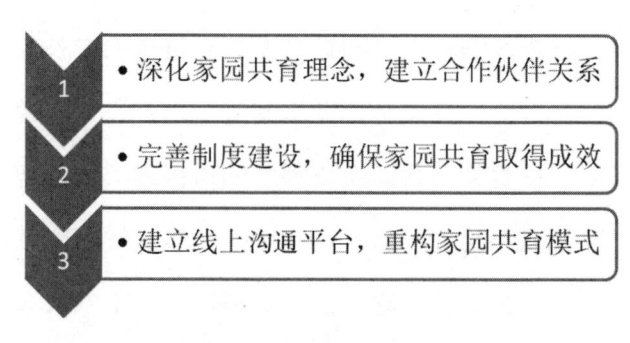

图5-2 利用网络沟通要做好的几个方面

（1）深化家园共育理念，建立合作伙伴关系

家长是孩子的首任教师，是孩子终身学习成长的陪伴者，也是幼儿园教育的重要合作伙伴。习近平总书记多次强调："我们要重视家庭文明建设，努力使千千万万个家庭成为国家发展、民族进步、社会和谐的重要基点，成为人们梦想启航的地方"。幼儿园要担起家庭教育指导的责任，努力建立尊重、平等、民主的合作伙伴关系。借力于互联网+时代的技术手段，为不同学历背景、不同教养方式、不同教育需求的家庭"诊断把脉"，制定"妈妈、爸爸、老师成长方案"开展有针对性的指导帮助，同时也要鼓励幼儿的其他家庭成员参与到孩子的教育中来，成为孩子成长过程中言传身教的学习榜样。

（2）完善制度建设，确保家园共育取得成效

网络平台是家园共育实施的技术手段，制度建设是家园共育工作可持续开展的根本保障。互联网时代，为幼儿园提供广阔的学习空间和极其丰富的学习资源，幼儿园管理者在落实国家地方文件政

策的过程中，结合本园特点，制定有实效有特色的家长工作制度。组织线上家长委员会，开展讨论征集制度文本，进一步提炼形成规范，幼儿园和家长委员会共同监督制度的执行效果，发现问题及时修改完善。家长工作制度包括：日常性家园线上线下联系制度、家园互访制度、全园线上线下家长会、班级线上线下家长会、家长开放日、家长沙龙、家长课堂、新生家长参观日等。家长委员会要能较好地发挥组织监督作用，成为家长们的贴心人，当好幼儿园的好参谋。

（3）建立线上沟通平台，重构家园共育模式

幼儿园充分利用互联网新技术网络平台及App家园通系列系统或者使用面广、经济成本较低的微信公众号、家校通、腾讯会议、小程序、企业微信等平台打破"面对面"开会、交流的传统模式，也能够缓解家长请假耽误工作的难处。幼儿园要结合实际，可以设计开展"成长在线""教育论坛""家长有话说"等线上栏目，增加相互了解、彼此认同的机会，相信家长和老师的关系会更加和谐融洽，更加有利于幼儿园家长工作的有效开展。

2. 网络沟通在家园共育中应注意的问题

（1）做好沟通前的准备

以青年教师为例，想要取得和家长开展沟通工作的好效果，达到协同共育的目标。年轻的老师在与家长沟通前要拟定一个沟通提纲，把将要沟通的事情、问题写清楚，还要提前思考出解决这些问题的办法。在与家长交流过程中，为了体现老师语言思维逻辑性，要把交流的问题提前告知家长。比如通过校讯通发信息给家长：某某家长您中午1点有时间吗，大约占用您10分钟的时间，交流关于孩子近期表现出的2个小状况，希望能够一起商量共同帮助孩子进步。老师发的信息中预定了沟通时间：中午，10分钟；2个小状况，这个"小"字十分关键，作为老师要有同理心，一定尝试站在家长的角度考虑问题，不要给家长施加心理压力，以为自己的孩子出了什么"大事"；"一起商量共同帮助"体现了老师与家长之间是平等尊重的合作伙伴关系。

（2）了解非语言沟通的作用

非语言沟通指的是使用除语言符号之外的各种符号系统来传递信息、沟通思想、交流感情等。日常中的手势、表情、目光、时间控制、语调都属于非语言沟通的形式。有专家表示老师在与家长沟通交流工作时，线上视频或"面对面"交流效果要好于电话交流。在人与人沟通过程中，面部表情占55%，声调占38%，而语言只占7%，由此可见与言语交流相比，非语言交流的效果特别重要，在沟通重要事情时，我们借助非语言技巧，会达到事半功倍的效果。

（3）关心幼儿并耐心的指导

幼儿的身心发展特点及幼教工作的独特性直接决定了幼儿教师在工作中要做到对幼儿的关爱，要富有爱心、责任心、耐心和细心。

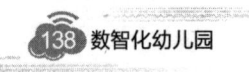

上学期，中一班的林老师迎来了一名转园的小朋友。这位叫达达的小姑娘，很敏感，遇到一点不称心的事情，就哭个不停。通过一段时间的观察分析，小林老师觉得有必要联系达达的家长，了解下孩子在家里的表现。在与达达妈妈约定好时间后，两个人就在午饭后通过视频"面对面"开展了20分钟的交流，老师了解到达达从小生活在老家的奶奶家，对奶奶非常依恋，回到北京后在家里也是常发脾气，大声哭闹，家长也很担忧孩子的发展状况。林老师了解情况后，对家长表示在幼儿园日常生活活动中，班级里的老师会多关注多爱护达达，通过积极引导，同伴互助，帮助达达适应新环境、新生活。

在家园共同协商的基础上，林老师给出家长三个建议：一是通视频。与老家的奶奶定期视频联系，给奶奶讲一讲达达在幼儿园里生活的趣事；二是找亮点。发现亮点，及时鼓励表扬。达达喜欢画画，而且在使用色彩上很有自己的想法，老师要在班里多表扬达达，吸引更多孩子愿意和她交朋友；三是勤陪伴。家长要抽出一定时间给孩子高质量的陪伴，关注达达的情绪状态。可以利用睡前的时间给孩子读绘本、讲故事，引导孩子多说出自己内心的真实想法，在亲子交流的过程中，增进与孩子之间的感情。

从上面案例可以看出，幼儿园老师对孩子健康成长起着非常重要的作用，一个班里孩子比较多，如果老师不能做到细心观察，可能就会忽视个别孩子的"小心思"，对孩子的心理健康产生不利影响。所以一方面需要教师细心观察孩子，发现孩子有什么异样表现时，要及时和家长沟通；另一方面也需要家长能及时和老师沟通孩子的情况，比如孩子最近在家发生了什么事，需要老师特别关注一下孩子在幼儿园的表现等等。只有家园密切配合，才能更好地呵护孩子，让孩子健康成长。

5.2 打造面向共享平台的幼儿园管理系统

1. 幼儿园教学资源共享的意义

中华人民共和国教育部于2001年7月2日制订的《幼儿园教育指导纲要（试行）》总则中指出："幼儿园应与家庭、社区密切合作，与小学相互衔接，综合利用各种教育资源，共同为幼儿的发展创造良好的条件。"也就是说，充分开发和利用家庭环境和社区教育资源，建立结构合理的教育体系，是当前幼儿园教育改革的热点问题。具体表现如图5-3所示。

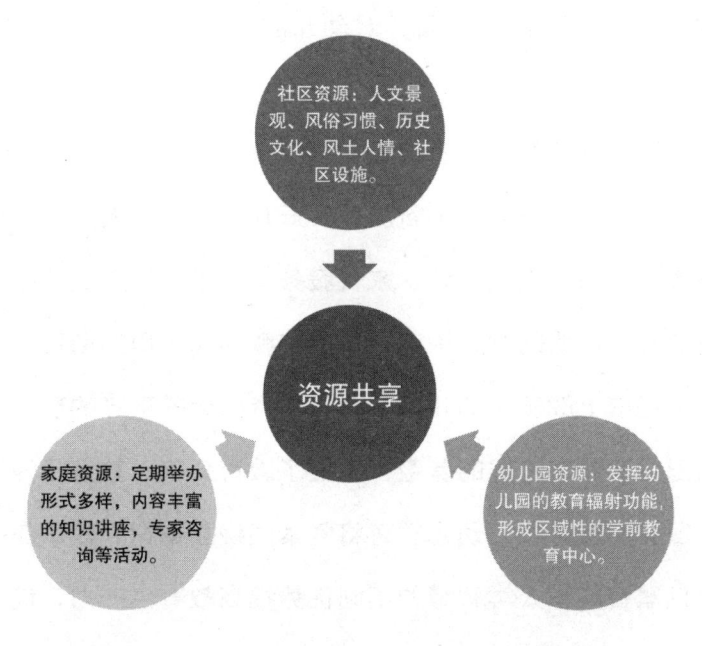

图5-3 幼儿园与家庭、社区资源共享

2018年11月7日发布的《中共中央国务院关于学前教育深化改革规范发展的若干意见》指出，"学前教育是终身学习的开端，是国民教育体系的重要组成部分，是重要的社会公益事业。办好学前教育、实现幼有所育，是党的十九大作出的重大决策部署，是党和政府为老百姓办实事的重大民生工程，关系亿万儿童健康成长，关系社会和谐稳定，关系党和国家事业未来。"

受益于中国经济的发展和人均可支配收入的提升，中国的家长有更多的资金投入孩子的教育，促进中国幼儿园行业市场规模的持续扩大。未来随着中国经济的继续发展，以及普惠幼儿园数量的扩大，中国幼儿园行业市场规模将持续维持增长。由此可见，无论是从国家层面还是百姓层面，对幼儿园教育安全优质的要求与日俱增。

优质的教育需要有优质的教学资源做支撑。智能时代，前沿技术发展迅猛而且教育融合不断加速。近几年，国内大中城市集团化办园在教学资源、岗位培训、家长服务、技术支持等实践中做出了许多有意义有价值的尝试探索，各类资源共享应用的场景也十分丰富，一定程度上改善了幼儿园教育教学资源参差不齐的现状，缩短了园与园之间教育发展的差距，保证了教育公平。教育是为促进人的全面发展而服务的，幼儿教育将紧紧围绕立德树人根本任务，充分发挥机器智能和人类智慧的不同优势提高教育生产力，优化生产资料为保育教育工作赋能，科教携手共进步，为孩子身心健康成长赋能，回应国家的要求、人民的期盼。

2. 幼儿园教学资源共享机制

未来社会充满了太多的不确定性，作为"祖国的希望"未来担当国家建设重任的孩子来说，他们所处的社会发展环境，不确定性也许是一种常态，长大后的他们如何面对挑战，破解难题，而不是面对困难躺平呢？唯有教育可以帮助他们不断成长，通过学习提升素养和能力，通过创新推动科技进步、国家强盛。幼儿园教育作为学校教育和终身教育的奠基阶段，要紧跟时代，抓住教育发展新态势，为幼儿的学习生活提供有力保障。

以"幼儿学习为中心"的多元化教育资源，如ＶＲ虚拟教学、数字音视频、网络课件、网络论坛、在线学习管理、数据文件等，为幼儿园教育教学提供了更多的选择，促进了"教与学"过程中幼儿的主动学习。数字化学习资源具有全面性、共享性、开放性和多样性特征，能满足不同年龄段、不同发展水平幼儿的个性化学习需求，支持每一名幼儿能够在原有的水平上获得发展，帮助每一位教师运用数字化智能化教育技术中得到专业方面的提升。

幼儿园建立优质数字化学习资源共享机制，可以从以下几个方面进行，如图5-4所示。

图5-4　幼儿园建立优质数字化教学资源共享机制

（1）运用信息化手段，构建教学资源共享平台

中共中央办公厅、国务院办公厅在2019年2月13日印发的《加快推进教育现代化实施方案（2018-2022年）》明确指出，推动以互联网等信息化手段服务教育教学全过程，幼儿园教育要围绕以学

习者为中心，通过构建信息教育资源共享平台，实现优质教育资源共享。

将图形与列表查询相结合，可以让操作简单高效，管理轻松方便。幼儿园也可以利用后台分类分级管理、多维属性设置、贡献数量统计、下载评价统计等功能推进课程资源共享建设。幼儿园完全可以利用现代信息技术，构建云集群主控系统，对各个云平台进行控制，搭建优质资源共享平台。也就是说将当前一些分散的云平台视为云集群，通过在集群之上建立主控系统，由主控系统对云集群进行集中管控，在不改变现有云平台的前提下，实现资源与数据共享，平台互通，充分利用该技术实现资源的共享。

（2）完善组织管理机制，提高数字化学习资源质量

制定保障数字化学习资源共享机制实施的制度，形成统领全局的顶层设计保障和方向引导，确保各项举措落地。建立组织管理机制的主要工作，是建立数字化学习资源自建、整合和共享组织管理机构，领导、组织、规划数字化学习资源共建，协调和督促数字化学习资源的共享。通过组建组织管理机构，制订和完善数字化学习资源共享制度和规范，建立数字化学习资源建设标准，提高数字化学习资源的质量，为建设优质的数字化学习资源营造条件，提升优质数字化学习资源的共享率。

（3）建立共享激励机制，激发师生积极性

行为科学理论认为，有效的激励可以促进人的积极行为，其核心在于利益驱动。建立数字化学习资源长效激励机制有利于资源共建共享模式的持续有效发展。可以通过建立长效激励机制，调动各方积极主动参与到数字化学习资源共享的工作中来，出谋划策，主动作为。激励对象既包括资源建设者、管理者等，也可扩大到学习者和参与者，鼓励其分享使用反馈意见，帮助资源建设者不断更新资源，协助管理者进一步完善共享平台。通过这种"应用—分享—反馈—改进—更新"的过程实现资源共享效益的最大化。

（4）依托资源打造精品资源共享课程

幼儿之间的资源共享依靠幼儿主动地分享资源。幼儿在主动进行资源共享的过程中，自然也会体会到分享身边资源和自我拥有的资源的意义。但从本质来说，要想真正践行共享发展，就要让幼儿逐步意识到与他人共享公共资源、共享自我拥有资源的价值。从小要树立公民意识，建立学习伙伴关系：我是谁？我和谁共同享有这个世界？我能为别人做些什么？而不是让幼儿被动去迎合家长、幼儿教师的期望等。因此，幼儿学习资源还需要幼儿园从课程层面对资源进行开发和利用。

在数字化学习资源建设中，统一建设标准，提升制作水平，加强精品学习资源建设，以品牌和精品作为资源建设和平台构建的前提，在精品化的平台架构体系上，实现精品优质学习资源的共享，发挥引领示范作用。实现优质数字化学习资源共享是一项长期的工程，应把握全局、统筹规划。一方面，我们必须从思想上充分认识

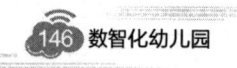

到优质数字化学习资源共享的深远意义。另一方面，要通过完善组织管理机制、提高数字化学习资源质量、建立平台集中管控机制、搭建优质资源共享平台、建立共享激励机制，激发师生积极性，打造精品学习资源，发挥优质数字化学习资源的引领示范作用等途径，来解决当前数字化学习资源共享中存在的问题，突破数字化学习资源共享度不高的困境，真正实现优质数字化学习资源的共享，使其在教学中发挥应有的作用，让更多的师生在资源共享中受益。

5.3 探索大数据下幼儿家园共育模式创新

1. "互联网+"背景下家园共育存在的问题

《幼儿园教育指导纲要（试行）》中明确提出幼儿园应与家庭、社区密切合作，与小学相互衔接，综合利用各种教育资源，共同为幼儿的发展创造良好的条件。幼儿在园接受幼儿园的教育，居家期间接受家庭教育。幼儿园应充分发挥对家庭教育的指导与服务功能，使家庭教育更科学。尤其是受疫情的影响，一些幼儿无法到幼儿园正常参加教育教学活动，这时候幼儿园教师更要利用互联网做好线上课程服务指导。但是，目前的互联网+"家园共育"中还有以下问题急需解决，如图5-5所示。

- 线上教学推送模式单一
- 推送"鸡肋式"线上教学资源
- 不尽人意的线上家园共育策略
- 不一致的线上家园共育目标

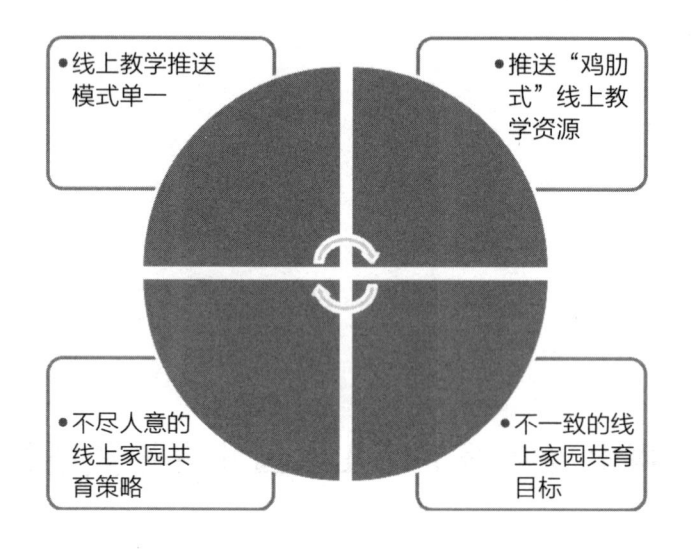

图5-5　互联网+背景下家园共育中存在的问题

（1）线上教学推送模式单一

幼儿园一般直接面向幼儿开展幼教活动，习惯了线下育儿模式。在幼儿居家期间，幼儿园教师不能直接面对幼儿，未来开展科学有效的线上教学也是一个趋势。由于种种原因，目前幼儿园最常见的线上保教活动推送就是策划居家游戏活动方案并把相关任务布置给家长，家长配合实施并上传过程视频或图片。无形中给家长们增添了不少负担，特别是不会使用多媒体的祖辈们，面对这种"任务"面露愁容，苦不堪言。

（2）推送"鸡肋式"线上教学资源

教师耗费大量时间和精力寻找育儿文章、游戏活动、视频影像等资源，如亲子运动、手工制作、手指游戏、科学小实验、舞蹈表演、图书故事、自理能力、居家生活记录表，等等。家长成了被动接收者，匆忙应对，至于能不能将资源转化到幼儿生活学习中，让幼儿有收获体验，就不得而知了。

由于获取幼教资源渠道的匮乏，老师常常会有心有余而力不足之感，难以寻找到满意的资源，所以在推送资源过程中，不得不陷入完成本职工作任务的无奈之中。

（3）不一致的线上家园共育目标

幼儿园向家长提供的一些教学过程比较复杂，对于非专业出身的家长来说，准备起来比较麻烦，影响到他们参与教学的积极性。有些家长也不认同幼儿园提供的教学活动资料。受传统育儿观念影响，日常居家期间，家长更多的是教幼儿识字、背古诗儿歌、学拼音、做计算题等一些具有小学化倾向的知识，科学有效衔接，家园携手共育的理念停留在粗浅的认知上，没有真正落到实处。

（4）不尽人意的线上家园共育策略

幼儿园开展家园共育的途径多是通过园内宣传栏、家长须知、幼儿一日(半日)活动、节假日大型活动来进行。随着互联网时代的到来，幼儿园可通过微信群、公众号等手段来开展家园沟通工作。缺少互联网背景下的个性教育和育儿指导，《幼儿园教育指导纲要（试行）》中提出的因材施教和个性化培养的理念在幼儿居家期间难以落地。

总结幼儿园在线教育服务出现这些问题的原因：首先，由于幼儿年龄小，为了保护眼睛，不宜长时间观看电子产品，一部分幼儿园没有把过多的精力放在线上开展教育教学活动中。以往幼儿园开展的教育都是线下活动，如集体教学、一日生活、活动区活动等。幼儿的学习是在真实情境中通过直接感知、亲身体验和实际操作来获取经验的，需要特定的环境和活动材料，需要教师细致观察幼儿的行为，对幼儿进行个性化指导，基于幼儿需求生成有益的活动。在组织线上教育活动方面缺少对幼儿的行为进行有效观察以及更好地指导幼儿的家庭教育等相关经验。

其次，教师缺乏对家长育儿方法与行为的引导。线下的家园共育工作大多通过家长开放日活动、运动会、家长会等方式开展。而疫情期间，线上家园共育工作主要以向家长发送一些幼儿园通知，推送一些育儿文章或召开线上家长会等。由此可见教师对线上家园共育工作还处在探索阶段，加强线上家园工作指导有效性，专业性、实效性有待提高。

再次，传统家庭教养模式重视早期智力的开发，突出表现为家庭教育小学化问题严重。很多幼儿园为了顺应家长的需求，线上课程变成了教授小学课程，布置家庭作业。教育部办公厅已经发布了《关于开展幼儿园"小学化"专项治理工作的通知》，严禁教授小学课程内容，纠正"小学化"教育方式，整治"小学化"教育环境。"小学化"教学会导致幼儿厌学，限制幼儿天性，会对幼儿入学后的学习造成"揠苗助长"般的影响。

最后，在"互联网+"背景下，后疫情时代，幼儿园对"科学实施保育和教育"还缺少更为深入的实践思考。

当"互联网+"第一次纳入国家经济的顶层设计，就已经标明"互联网+"时代的正式到来，幼儿教育要主动顺应时代要求，特别是在不确定的情况下，不要为停滞不前寻找借口，要勇于探索实践，不断转变观念，在发现问题、解决问题中寻求新的进步。

2. 优化家园共育模式的对策

处理好幼儿园教育与家庭教育之间的关系，一直以来都是幼儿教育的重点工作。幼儿园也越来越重视引导教师树立家园共育的意识，明确家园合作的重要性；家园共育不能简单认为就是幼儿园老师和家长保持密切联系，更应该在意这种联系是否有效、是否和谐，家园沟通应该是孩子成长环境的重要一环，家园沟通让孩子感觉舒适和谐，孩子才能心情愉悦。

互联网时代，幼儿园优化家园共育的模式可以尝试以下方法，如图5-6所示。

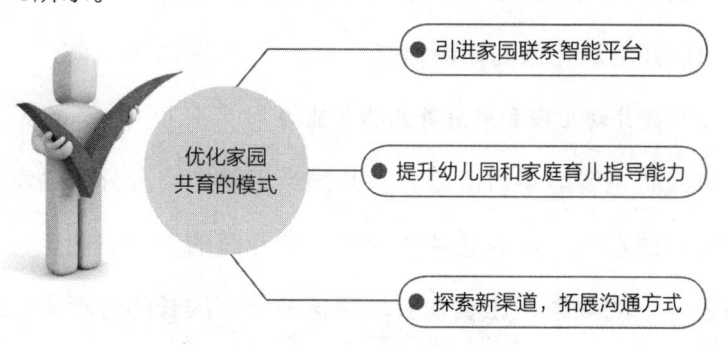

图5-6 幼儿园优化家园共育的模式

（1）引进家园联系智能平台

如果家园联系仅仅依靠微信、短信等手段，还是存在一定问题，一方面是老师工作量比较大；二是家长翻看信息的量也比较大，过期了还找不到了。所以引进家园联系智慧平台会解决很多联系上的问题。

一是幼儿园通知会单独列出，把重要的通知放在里面，这样就避免了重要信息被淹没的问题，家长可以很方便查看重要通知。

二是家园联系智能平台可以通过AI人脸智能识别技术将孩子们平时活动的照片自动分配到每个孩子的相册里，定期发送到家长手机里，这一功能减轻了老师整理照片的繁重工作，也能让家长及时看到孩子的照片。

三是家园联系智能平台可以随时自动生成孩子们的成长档案，既没有纸质档案难整理又容易丢失的缺点，也能够保证内容更丰富、生动。

四是家园联系智能平台也可以单独设立家长空间，家长可以介绍育儿经验，厨艺好的家长也可以介绍自己的幼儿美食，做医生的家长可以介绍幼儿保健知识等等。

（2）提升幼儿园和家庭育儿指导能力

家园联系智能平台可以将幼儿园当天教学情况分享给家长，平台会有提醒功能，让家长关注孩子在幼儿园的学习情况，也可以问问孩子学习的效果，让家长参与到孩子学习成长的过程中。家园共育始终是幼儿园教育工作至关重要的组成部分，是以育儿指导为前提和保障的。一方面需要教师树立正确的家长观，明晰家长的角色定位，对不同类型的家长进行分析，形成有共性与个性相结合的工作指导方案。另一方面挑选出家长中的家庭教育骨干，言传身教影响其他家长，促进指导活动的互动性，进而推动以育儿指导为核心的家园一体化建设，在实施过程中，要根据情况，弹性掌握，既可以采用传统方式也可以通过互联网手段来实现多种形式的育儿指导。

（3）探索新渠道，拓展沟通方式

在传统的家园联系过程中，主要集中在幼儿园的电话访谈、上门家访、家长会等形式上。虽然这些沟通方式在家长工作、家园共育中仍然有非常重要的作用，但是随着现代社会的快节奏与人们生活方式的改变，只用这些沟通方式已经无法满足幼儿教育发展的需要。在实践过程中，幼儿园还可以借助以下沟通方式，促进家园共育模式的发展。

借助开放日，增进家园了解。幼儿园开放日，就是幼儿园对外开放的日子。这种开放日可以是幼儿园集体组织、班级组织还可以是单独为个别有需要的幼儿家长准备的开放参观日。邀请家长走进幼儿园，走进班级，了解幼儿园的管理和发展趋势，了解幼儿教育目标、内容及方法，从而更好地配合幼儿园，共同关注幼儿全面健康和谐发展。另外，在开放日中还可以借助"家长沙龙"形式，布置好温馨的环境，准备一些幼儿园自制茶点，营造宽松愉悦的活动氛围，鼓励不同年龄段幼儿家长分享一些教育心得，听取家长在家庭教育中的一些做法，幼儿园要由衷地肯定家长在幼儿教育中所做出的努力，找出亮点，颁发相关荣誉，与家长凝心聚力牵手前行。

资源优化，巧用网络平台。信息技术的迅猛发展，推进了幼儿教育教学工作方式的变革。因此，在家园共育的幼儿培养模式中，教师要进一步丰富家园沟通策略与方法，要充分利用网络技术优势，比如，新冠疫情过后老师和家长十分重视开园后，来园的幼儿生活适应情况，也关注不来园的幼儿居家生活，老师就可借助网络的力量，开展云家访、云聊天、云聚会等分享活动帮助老师。另外，教师还可以通过网络手段，同一些身在外地的父母及时沟通，并将孩子在幼儿园中生活学习活动的一些照片、视频资料传送给他们，方便家长能够较全面地了解幼儿在园情况，缓解因想念孩子产生的焦虑。

开展亲子活动促进有效沟通。开展幼儿园亲子活动既满足了幼儿依恋父母的情感需要又帮助家长了解到孩子在幼儿园生活活动情况，同时也是幼儿园亲子活动家园同步教育的好途径。通常幼儿园开展亲子运动会、亲子采摘、亲子游园、亲子植树、书香家园等多种创意主题的亲子活动，无论是从活动方案设计还是具体的活动组织，幼儿园都要与家长做好沟通协商，充分发挥家长主观能动性，请家长参与活动的设计、组织和保障，激发家长带领幼儿参加亲子活动的兴趣，亲身体验亲子活动的魅力。

3. 家园共育模式创新

探讨家园共育新模式,是未来幼儿教育发展的常态趋势,也是幼儿教育客观发展的现实需求。如今,不断创新和改进家园共育的模式是实现家园相互配合,同步教育,促进幼儿身心健康全面发展的有力保障,已成为幼儿园管理者们的共识。

在互联网时代,家园共育的模式有一些新的突破,尤其是在新冠疫情幼儿居家的特殊时期,幼儿园要提前谋划、积极探索,创建出切实可行的家园共育新模式。通常来说,幼儿园进行家园共育模式创新要做到以下几点,如图5-7所示。

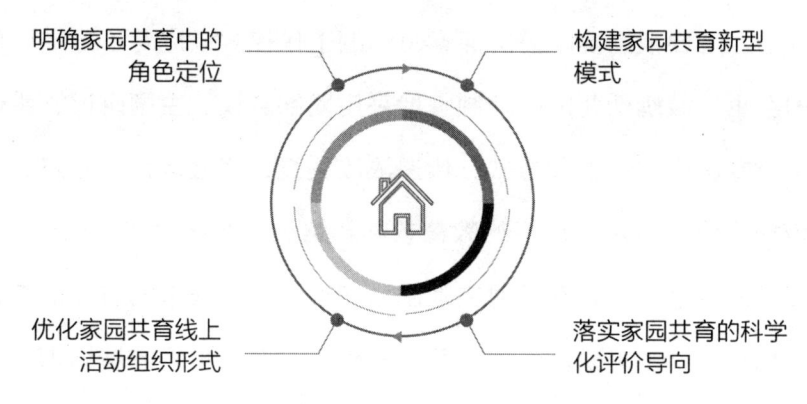

图5-7 幼儿园家园共育模式创新

（1）明确家园共育中的角色定位

我们都清楚,儿童的发展过程是儿童与教师、父母等多种因素相互作用的过程。要促进儿童的全面发展,就必须把幼儿园、家庭、社区等各种教育因素统一起来,以发挥教育的合力作用。幼儿园的教师是幼儿健康成长的引路人和指导者，要对本班幼儿的年龄特点和个体差异以及家庭成长环境要有充分的了解，家长是幼儿成长中的首任教师，也是幼儿最持久的教育陪伴者，家长的教育理念和言行举止直接影响着幼儿的身心发展，可以说幼儿的成长、进步与家长的正确引导密不可分。因此，越来越多的家长意识到要摒弃"把孩子送到幼儿园，孩子的教育就交给老师了"的旧观念，主动适应家长也是教育者的新角色，积极主动与幼儿园、老师开展有效合作，为促进幼儿的身心发展，提升游戏水平，培养学习能力，尽到应有的责任和义务。

（2）构建家园共育新型模式

幼儿园要根据实际情况探索灵活的工作模式以应对不确定性事件的发生。鼓励幼儿园因地制宜地采用网络会议、主题研讨、微课展示、专题研究等多种方式，传递浓浓关爱，彰显教育者智慧。要积极探索信息技术背景下的教育教学新路径，搭建以"互联网+"为路径的研究平台，突破时空限制，实现线上与线下的有效衔接，创新构建云端教师研修支持体系，不断丰富育儿指导的培训内容和教研形式，增强家园共育的可行性和便捷性。

比如在疫情期间，北京朝阳区某幼儿园就通过手机微信、腾讯会议等形式及时向家长分享疫情防护相关知识，做好幼儿居家健康指导，分享居家期间的作息安排和活动建议，并向孩子推送绘本阅读、居家游戏、居家运动等游戏资源，让孩子们在居家时也能有所收获。同时当家长在育儿方面遇到问题和困惑时，老师们也能通过微信或视频连线与家长进行真诚、细致的交流，面对个别问题进行"一对一"指导，让孩子的居家生活不缺少幼儿园老师的陪伴。

（3）优化家园共育线上活动组织形式

幼儿园经常会遇到一些幼儿家长受于工作岗位、环境条件的影响，无法来幼儿园参加家园共育活动，往往会让他人代替参加，家园共育的预期效果大打折扣。现如今，幼儿园采用线上家园主要是为了传递幼儿教学信息和为家庭教育提出更好的指导和建议。幼儿园可以通过互联网加强与家长的情感沟通与交流，了解每一个家庭的基本情况，设计适宜的幼儿培养方案供家长参考，减轻家长的育儿负担，激发家长参与幼儿园教育活动的热情。家长也可与孩子共同录制生活主题的小视频，作为园里的共享资源与其他幼儿家庭一起分享。相信，此刻的家长和幼儿不再是被动的接受者，他们是活动组织者、实施者和学习者，这种体验式教育活动，给予家长和幼儿更自由更广阔的创造空间。

（4）落实家园共育的科学化评价导向

幼儿的发展是在自然状态中发生的，幼儿的学习是在真实情境中产生的。幼儿园要将家园共育的评价研究建立在观察幼儿、了解幼儿、尊重幼儿的个体差异的基础上进行，指导家长采用纵向比较的评价方式，借助互联网技术手段记录搜集视频、语音、图片、幼儿美术作品等呈现幼儿的发展过程痕迹的资料。通过专业的数据软

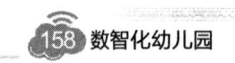

件分析，找出幼儿的"最近发展区"进而提供"因材施教"的科学依据，促进每一位幼儿都能在原有基础上获得新的发展，这也是科学化评价的出发点和落脚点。

第6章

日常管理：
逐步建成智能幼儿园

幼儿园利用先进的数智化技术，将日常管理建成统一信息化管理平台，实现教材多媒体化、办公自动化、环境虚拟化等现代化幼儿园雏形，实现幼儿园的全面数智化，减少了繁重的重复性人工工作，降低了人为的过失发生。

6.1 新科技成为教师的得力助手

人工智能（AI）在幼儿教育中的应用还处于初始阶段，但大家对它的前景十分看好，首先是幼师队伍人员不足，而且良莠不齐，而人工智能助教机器人可以保证教学质量一致，让孩子得到统一的高质量教学内容；其次是教师的知识储备是有限的，而人工智能助教机器人的知识储备远远大于教师，因此可以实现教育的公平化，让偏远地区的孩子也可以享受到优质的教育；最后是老师有理解力和表达力的差异，而人工智能助教机器人对知识的理解和表达可以更准确。当然，我们并不是完全否认教师的作用，"人机共教"是我们的目标，可以互相取长补短。

2017年12月3日，一款功能强大的幼儿园陪伴机器人，亮相第四届世界互联网大会。这台由青岛克路德机器人有限公司（下简称

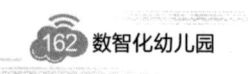

"克路德机器人")研发的机器人，最大限度地发挥人工智能、机器人技术，可轻松实现对在园幼儿的监控、陪伴和互动。

目前，多功能幼儿园教育机器人已经出现在教学活动中，机器人具备聊天、讲故事、唱歌、旋转、跳舞、按指示口令做动作等功能，形象可爱，功能多样，受到孩子们的喜爱，它具有强大的语音交互功能，使用者通过设置指令，可以操控机器人。小胖机器人既是幼儿的玩伴，也是幼儿园的教学助手，让孩子走进人工智能的神秘领域，开发大脑潜能、发展逻辑性思维、激发探究欲望、提高专注力、发展综合能力，从而适应全新时代的发展，将学习变成一场探索之旅。

人工智能用在幼儿园教学中，可以代替老师给幼儿讲故事、和幼儿一起做游戏、提醒幼儿注意安全，以及打扫环境卫生，陪伴孩子度过在园的美好时光。有了机器人助手帮忙，教师就有更多的时间和精力去观察了解幼儿，开展教育研究，设计符合幼儿年龄特点、促进幼儿发展的教育教学活动。

一些幼儿园选择引进有助于开发幼儿的智能，能够与幼儿互动，有表达能力的智能机器人，参与教育教学活动，成为孩子们"机器人伙伴"，幼儿教师的"机器人助教"也是一个有益的尝试。幼儿园管理者既要立足于现在，还要考虑一个长久的发展，充分做好调研，选择适宜教师和幼儿"教与学"的智能产品。目前，市场上各种各样的机器人主打功能就是语音交互、中英翻译、看动画、玩游戏等，短时间吸引人，新鲜劲头一过，很快就会被孩子们忘到脑后，没有起到相应的教育陪伴作用，教育智能产品研发依然在路上。

越来越多的学者认为，进入人工智能时代的教师和幼儿要有尽早接触人工智能的机会，只有学会和机器打交道，才能有效利用智能机器开展学习和工作，才能更好应对这个时代带来的挑战。

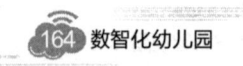

6.2 人工智能助力减负增效

我国人工智能教育正在向大规模成熟化靠近，人工智能技术是重塑教育生态的手段，也是保障教育均衡和质量的最有效工具。运用人工智能手段减负增效主要是及时发现孩子的潜能，激发学习兴趣，根据不同特点推行个性化学习，它主要体现在两个方面，详见图6-1。

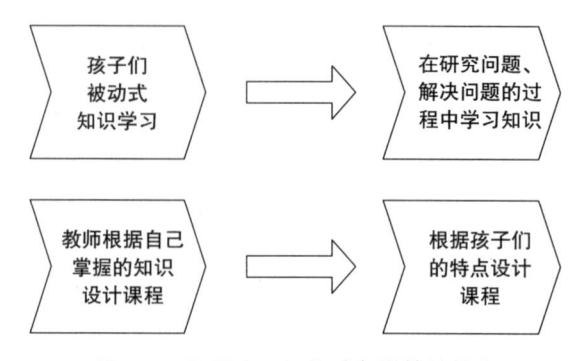

孩子们被动式知识学习 → 在研究问题、解决问题的过程中学习知识

教师根据自己掌握的知识设计课程 → 根据孩子们的特点设计课程

图6-1 运用人工智能减负增效的特点

幼儿园的教育是孩子们启蒙阶段的教育，好的教育是教师与孩子一起推开认知世界的大门，去领略和探究一切的未知，而不是一味灌输和传授。孩子们更喜欢在探究的过程中与同伴合作，如果我们能够引进智能机器人，那么孩子和机器人的互动就会发生不同的学习活动，产生别样的学习体验与获得。借助人工智能教育技术手段赋能幼儿园教育教学是优化教学模式，支持孩子自主式学习、启发式学习，提升孩子学习兴趣的重要教育工具。

科技手段作为一种现代教学手段，具有形象、直观、生动的特点，能更快速、更准确地传递教学信息，与幼儿的认识水平和思维方式相适应。可以使幼儿开阔认知眼界，灵活思维，激发创造性。比如，教师组织语言教学活动，欣赏诗歌《可爱的企鹅》时，运用数字化技术可以把活动教室装扮成南极的场景画面，仿佛真实的企鹅就在孩子面前，它们与小朋友之间是如此的亲近友好，当情感与艺术形象完美地结合，孩子们沉浸其中不仅理解了诗歌，也了解了南极的地理环境，以及人与自然的和谐共生。科技帮助教师摆脱了单调刻板的"口传身授"的传统的教学模式，给予教学上更多的灵活度，让孩子的想象力不再受到限制，使孩子的认识水平和思维方式得到提升。

在人工智能时代，我们可以尝试着通过"人工智能+教育"实现减负增效，减去隐形的负担，增加有益的学习体验。这不仅仅是一个理念、一个方向，而是可以用规模化的统计数据来证明的现

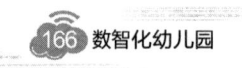

实。通过人工智能实现减负增效有三个作用。

首先，人工智能让孩子学习活动更高效，在减负的同时增效。通过对孩子学习活动过程中数据的采集和分析，智能诊断孩子发展的薄弱环节，从而进行科学分析，控制了无用功的时间浪费和主观欠科学的判断，展开有效能的个性化指导。其次，人工智能技术手段可以帮助教师获得更多的优质教育资源。借助于大数据和人工智能，发掘适宜孩子学习活动的有益资源，为教师选择与规划幼儿园活动课程提供有力保障，提升教师的教育专业能力。最后，人工智能使得教育评价与反馈更精准，幼儿园开发的课程以及组织开展的教育教学活动，是否有益于幼儿园"五育并举"全面发展。我们构建以幼儿为核心的评价体系，通过过程性评价，对老师的过程性教学组织、孩子的过程性学习活动状态给以更好的指导。教育的核心，绝不仅仅是"注满一桶水"，而是要"点燃孩子心中的那一把火"，要激活孩子的创造力。这一点在人工智能时代尤为重要。爱因斯坦曾经说，教育就是一个人把在学校所学全部忘光后剩下的东西。基于过程化数据的记录，数据会告诉每一个孩子到底在哪些方面是有天分的、与众不同的。我们希望能够通过过程性评价，帮助幼儿找到未来人生出彩的最合适的那个方向。

由此可见，有了人工智能的助力，教师和家长能够轻松了解孩子的生活学习情况，选择适宜孩子发展的个性化提升方案，促进师生教学互动实效，同时让师生有更广阔的时间和空间，学习与发展。循此思路，当幼儿园引进人工智能学习机参与集体或小组教育教学时，要立足幼儿发展当下，还要着眼其后续的学习发展，选择适宜幼儿教育的软件内容设置，作为教学辅助手段，结合教学实际弹性运用，引发幼儿学习兴趣愿望，满足幼儿的共性与个性的学习需求。

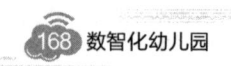

6.3 人工智能与学前教学的融合路径

人工智能在学前教育中的应用,将改变幼儿认知模式,提升幼儿园教学水平,人工智能能够更生动地向孩子们呈现教学内容,让孩子们更直观地认识世界。人工智能应用于人脸识别、声音识别、情绪识别,云的计算、存储技术和智能多媒体平台、智能大数据平台都将应用在的幼儿成长教育中,一个全新的智能教育场景将会呈现在我们面前,能够提高孩子们的思维能力。那么人工智能与学前教育有哪些融合路径呢?具体如图6-2所示。

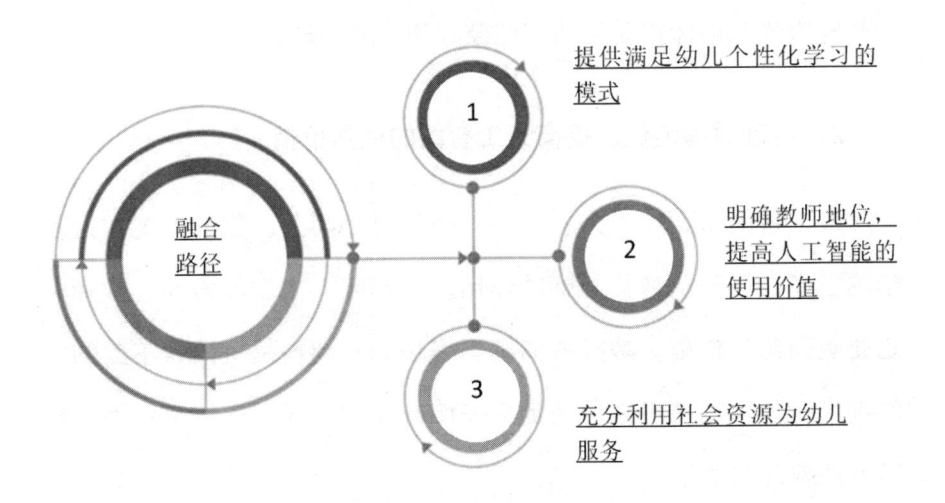

图6-2　人工智能与学前教育的融合路径

① 提供满足幼儿个性化学习的模式
② 明确教师地位，提高人工智能的使用价值
③ 充分利用社会资源为幼儿服务

1. 提供满足幼儿个性化学习的模式

幼儿时期是人生智力成长、个性发展的基础阶段，也是发展最为迅速的时期，科学合理的幼儿教育对幼儿心智健康发展起着极大的促进作用。对幼儿来说最好的教育就是最适合他的教育。进入人工智能阶段，拥有最好的教育，为幼儿提供个性化学习模式，已经不再是难事。推进教育机器人、智能绘本、智慧教室等人工智能产品和设施与幼儿园教育深度融合，成为一种未来趋势，这为个性化学习和个别化学习的实现提供了技术支持。例如，通过学习分析和用户画像技术，搜集幼儿成长档案数据，找出生长点，全面分析幼儿成长轨迹，绘制幼儿学习成长地图；利用智能运动设备，如智能手环、智能体能测评工具，深度采集幼儿体能状况数据，从而根据

幼儿健康状况设计运动活动，把控好幼儿的运动量。

2. 明确教师地位，提高人工智能的使用价值

人工智能从实质上来看就是一个工具和媒介。它既不能作为教学的主宰，又无法替代教师的作用。在运用人工智能方面，教师一定要明确自身定位，教师的情感引导和细心照料是机器做不到的，特别是对幼小的孩子来说教师是无可替代的，人工智能是助力教育而不是教育的主力。

对智能时代的教师来说，掌握必要的信息技术知识，转变教学观念十分重要，幼儿园要为教师提供信息技术培训，提供丰富的网络学习资源和教研平台。例如，创建智能教师辅助开放平台，共享全国的优质教学资源、园本教学资源库。对于贫困地区基础教育发展的关键在于教师素质，现代远程教育可以提供大量免费资源，帮助教师提高课件、微课、视频制作能力。网络环境下的信息技术学习，也有利于偏远欠发达地区网上获取、处理、整合、运用信息的能力以及多媒体操作技能，以适应智能时代对教师教育技术能力的要求。

3. 充分利用社会资源为幼儿服务

互联网、大数据、人工智能、虚拟现实等新一代信息技术的应用推动了各地场馆建设，场馆是推进科学教育的重要平台，它的教

育意义在于发展孩子的信息整合能力、解决实际问题的能力和创造与创新的能力等。幼儿园要合理地利用丰富的社会资源为幼儿的学习服务，让幼儿有机会接触最新的科技成果，开拓幼儿的眼界，丰富其学习内容，激发其对人工智能的兴趣，如利用科技馆、博物馆内的人工智能设施能够支持幼儿更直观地在操作体验中感知探究事物的过程，萌生科学探索的兴趣，从而获取经验，启迪心智。

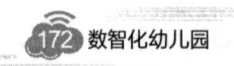

6.4 智能幼儿园需要新科技手段保障

建设智能幼儿园不仅仅需要在教学、饮食、安全等方面引入数字化技术，在幼儿园的日常管理工作中同样有很多工作可以进行数字化改造，让管理者摆脱烦琐的人工劳动，让管理者工作更规范、有效率，实现一站式事务办理和信息查询，进一步为新时期推进教育治理现代化提供了支撑。

幼儿园可以依托云计算、大数据等先进的互联网新技术，将教学、管理和家园沟通等信息资源进行整合、集成和全面的数字化，构成统一教育信息化平台，并在此基础上，实现教学活动方案多媒体化、办公自动化、教学个性化、学习自主化、环境虚拟化等智慧型教育创新模式，以学习方式和教育模式创新为核心，建立一个智慧化的、系统化的智慧幼儿园。

由北京小方桌教育科技有限公司研发的方桌云（幼儿园信息化管理平台）是一款支持幼儿园进行规范管理和科学保教的信息化管理平台。主要分为工作方桌、档案方桌、资源方桌三大子系统，各系统的功能见表6-1。

表6-1 方桌云系统介绍

平台	方桌云		
子系统	工作方桌	档案方桌	资源方桌
功能一	观察记录	我的文档	资源库
	即刻记录、格式定义、成长记录、文档生成、审阅批注、智能统计	新建文档、模板调用、在线编辑、上传文档、文档协同	统合归档、过程记录、在线审阅、模板与标签
功能二	发展评价	工作清单	备课本
	评价指引、园本评价、个体评价、团体分析、数据可视	工作配置、工作提醒、工作统计、直接归档	老师个人备课本
功能三	成长档案	归档管理	
	专属记录、家园联动、智能排版、工作统计	目录管理、权限管理、自动归档、智能抽取、全文检索、批量打印	

1. 工作方桌是方桌云平台的重点模块。主要包括观察记录、发展评价、成长档案等模块。模块间互联互通、数据共享，支持教师便捷地观察记录幼儿的行为表现，科学地分析评价幼儿的发展水平，并为幼儿建立专属的成长档案，搭建家园共育的信息桥梁。

观察记录主要为一线教师及时记录幼儿活动情景与行为特点提供便利；为管理者了解教师观察意识与观察能力提供数据支持。

发展评价与观察记录实现联动，从观察记录中获取幼儿发展水平数据，从而克服传统结果性评价的弊病，实现过程评价与增值评价。根据信息可以做个体分析，在日常观察记录的基础上，对一段时期内，每名幼儿的发展情况进行统计与分析，比较全面客观地看见幼儿的发展水平。也可以做团体分析，对幼儿园各班级、年级及全园的发展数据进行横向、纵向的统计与分析，一键生成可视化的图表，支持各个层次幼儿发展报告的撰写，促进幼儿园优化业务管理，改善教育过程。

成长档案为每一位幼儿建立个性化的数字成长档案，比较全面地记录幼儿生长发育、发展水平的基础数据，以及幼儿的创作成果、活动剪影与成长故事，同时建立家园共育的桥梁与通道，实现家园联动、在线沟通、分享快乐、解决问题，提升家园共育的品质。同时，通过工作统计，可以对全园各班观察记录的记录情况进行统计，考查观察的全面性；对教师的提交情况进行统计，考查观察记录工作的执行情况。

2. 档案方桌是一套帮助幼儿园实现工作清单化、文档标准化、档案规范化、查询智能化的数字档案管理系统，使用本系统可以有效提升幼儿园的日常工作管理效率，切实解决幼儿园工作留痕的难题。本系统主要由我的文档、工作清单、归档管理三个专项工具组成。

我的文档主要解决文档格式标准化和在线编辑的问题；工作清单主要解决工作管理清单化和工作任务自动提醒的问题；归档管理主要解决档案规范分类与智能查询的问题。

档案管理不是工作的负担而是工作的助手，文档写作不是为了把文档写好看，而是为了把工作思路理顺，把各方意见记清，把工作成果与工作经验存好，发挥幼儿园档案材料的教育与管理价值。

3. 资源方桌是一套帮助幼儿园实现课程资源结构化管理，持续沉淀优质课程内容，支持教师在线备课的教学管理系统。能够有效解决幼儿园课程资源的适宜性、丰富性以及优质性问题，同时提高教师备课效率和备课质量。系统主要包括资源库与备课本两大工具。

资源库主要解决课程素材的持续沉淀与迭代升级的问题，并为教师的课程建构提供专业的研修资源支持。它可以将幼儿园课程的主题、活动、素材等内容进行统合归档，方便园所梳理园本课程脉络与实底，为教师备课提供系统的园本资源。将幼儿园课程实施过程中的观察记录、反思、研讨内容与课程主题进行关联，方便园所进行课程评价。

幼儿园优质的园本课程是要建立在拥有优质的课程内容资

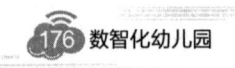

源的基础之上的，加强课程资源的建设是提升课程品质的重要通路。园本课程建设的过程，是一个持续迭代的过程，需要教师在教育过程中去建构与完善。

人工智能时代信息技术是重塑教育治理生态的有效科技手段，也是保障幼儿园科学高效管理的重要工具，一定程度上解决了现代化幼儿园治理、教师专业发展、师幼过程性评价、家园协同育人中出现的问题，为"幼有所育"向"幼有优育"发展，提供强有力的支撑。

第 7 章

教师培训：
科技是手段，人才是根本

高科技逐渐渗透到基础教育领域中，加速了教育变革与创新，它改变了教育模式，提升了教学效果，改进了安全设施，保障了人员安全，智能监督饮食安全，确保健康饮食，但终归它只是手段，真正需要提升的还是人的能力素质，只有人的能力提升了，才能更好运用这些手段，因此教师才是教育的核心和灵魂，不要让技术主宰我们的教学，让教学活动沦落为一个"技术秀场"，幼儿只是看热闹，但没有得到成长，这才是教育的悲哀，所以培养好人，才能更好地运用数字化技术。

第 7 章 教师培训：科技是手段，人才是根本

7.1 招人：基于人工智能的招聘体系

未来，人工智能在幼教领域的应用将会越来越成熟，人机结合将会成为一种趋势。当下，人工智能在幼儿园人才招聘过程中也发挥了很大的作用。人工智能在招聘时有如下优势，见图7-1。

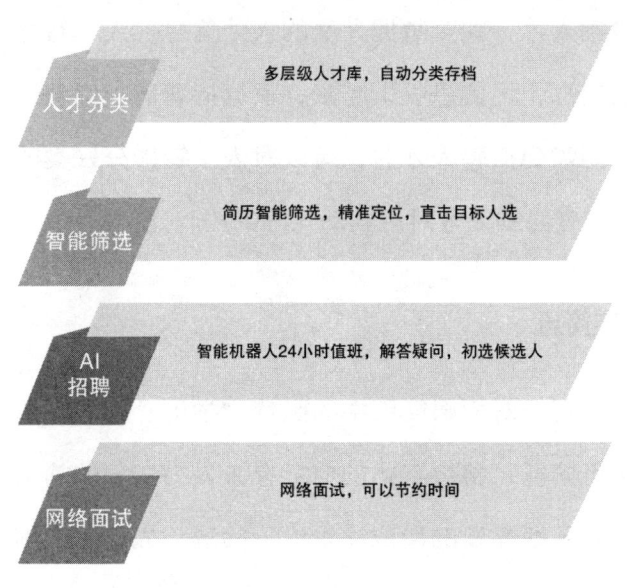

人才分类　　多层级人才库，自动分类存档

智能筛选　　简历智能筛选，精准定位，直击目标人选

AI招聘　　智能机器人24小时值班，解答疑问，初选候选人

网络面试　　网络面试，可以节约时间

图7-1　人工智能招聘优势

幼儿园教师一般都由教育主管部门、人事部门、办园单位通过考试、选拔而来，也有一部分是幼儿园自主招聘。不管是哪个部门组织招聘，求职人员的职业道德和专业能力能否适合幼儿园的岗位要求，是招聘单位需要考虑的首要问题。幼儿园人才招聘工作既要考察求职人员的任职资格、品德修养和工作能力还要考察人际交往、抗压能力和个性特征等。智能化的人力资源管理系统为幼儿园人才招聘提供了一体化智能招聘解决方案，帮助招聘者招到适合的人才。智能化的人力资源管理系统一般包括人才信息的收集处理、筛选简历、提供高匹配度的岗位选择、非接触式面试4个方面。

1. 人才信息的收集处理

人才是一个组织发展的必要前提，对幼儿园来说也是如此。幼儿园要想发掘人才，就要掌握大量的人才信息。人工智能可以通过多维的网络信息，把信息收集起来，根据招聘需求类型进行分类整理。当幼儿园需要招聘人才时，可以对人工智能分好类的信息进行筛选，将匹配度高的人才对应到幼儿园的招聘岗位需求中。

2. 筛选简历

利用人工智能对招聘简历中的照片、学历、能力介绍、相关证书等信息进行解析，将数字化的信息存入人力资源的简历库中，根据当前幼儿幼儿园需要的岗位需求进行筛选。先将所有简历导入库中后，除去重复提交的简历。再根据所需要的岗位需求设定筛选条件，智能分析简历内容，将不符合招聘条件的简历快速筛选掉，再将所识别的内容进行评定打分，由高至低排序，招聘人员根据所显示内容进行适当的挑选。

3. 提供高匹配度的岗位选择

人工智能可以根据招聘人员对所需岗位条件的设定，撰写更全面的职位描述，更有效地筛选候选人，尽量减轻无意识的偏见对流程和实践的影响。

与传统招聘相比，人工智能提供的数据化结论比人工根据简介看到的材料分析得出的结论更客观更优化。根据需求设定选择标准，在一定时间内系统分析数据得出结果，将应聘者和岗位进行精准匹配，达到物尽其用、人尽其才的效果。

4. 非接触式面试

在疫情之下，很多幼儿园无法直接进行线下招聘面试，大部分幼儿园在线上对应聘者进行远程面试。幼儿园可以利用AI视频面试系统，通过观察、交谈、喜好询问等来形成对应聘者的初步印象；通过语音识别和面部技术获得信息，对招聘人员进行分析，确定合适的人选；将人工智能与心理测试结合，从面孔、语音、语义这三个角度分析候选人的情况、性格等，幼儿园采用面试机器人进行招聘面试，更接近真人面试。

AI视频面试系统还可以通过语言词汇、微表情、答题速度、声音大小、容貌等特征，对候选者进行评分。幼儿园园长或管理团队可以根据机器人计算出来的分值，进行合适人才的选择。

7.2 育人：幼儿园教师培训支持体系

7.2.1 幼儿教师数字化水平提升

幼儿园教师培训支持体系是指教育行政部门或培训组织者为了一定区域范围内幼儿园教师参与专业发展活动而提供的各种资源的总和，它包括培训制度、培训资源、培训机构，以及培训人员等要素的供给和配置。

中华人民共和国教育部2018年4月13日颁布的《教育信息化2.0行动计划》提出，要"推动从教育专用资源向教育大资源转变，从提升师生信息技术应用能力向全面提升其信息素养转变，从融合应用向创新发展转变"。这也就意味着大数据时代背景下幼儿园教师培训支持体系的建构要打破原来固化的专业和学科思维，要从支持幼儿园教师信息素养发展的高度来建构新的培训支持体系,要以新的思维和观念来审视幼儿园教师培训支持体系建构的原则,不能仅将大数据作为教师培训的支持手段和工具。

步入智能时代,幼儿园教师培训支持体系的建构要求从有形支持走向意识与思维支持;从预设走向生成,依托大数据对教师培训需要的挖掘以及对新的技术手段的有效运用,组织培训的主体以及培训的内容、组织形式、时间和场所等都是开放的;从外部规定走向激发教师的主体性参与。为了更好地凸显幼儿园教师培训支持体系的全域性、融合性和多主体协同的特征,它的建构要从树立大数据思维、优化培训组织机制和组织模式等维度入手,从幼儿园教师的实际需要和主动参与出发,为他们的专业学习提供全方位的支持。

1. 教师培训组织者要不断转变和优化教育观念和培训思维

大数据时代,在建构培训支持体系时,培训组织者要将教师培训视为一个协商和共构的过程,要正视和重视幼儿园教师在培训过程中的主体性参与,要在支持幼儿园教师主体表达的基础上合理地设计培训制度和培训模式。培训组织者要跳出就问题论问题、就专业论专业的思维束缚,要为幼儿园教师的专业发展建构一个开放且多元的支持环境,通过对幼儿园教师的接纳、认可和引导来建立一个多主体共构的培训支持体系。

2. 增强幼儿园教师培训支持体系的协同性和适应性

幼儿园教师培训支持体系的机制是一套关于资源供给、配置和运行的制度与过程，它涉及培训机构设置、培训人员配置以及其他相关要素。

培训组织者要强调制度建设的规范和服务功能，在培训机构的设置上，要建立多层次、多主体的培训机构组织，通过有效发挥教育行政部门、幼儿园和社会机构的职能优势来建立一个沟通顺畅的培训网络，建立一个共生、协作的培训生态。

3. 充分挖掘互联网大数据的工具价值

随着新模式、新机制、新需求的出现，大数据要凸显自身作为信息技术表现形态的作用和功能，建立一个在内容和手段上都具有大数据特征的培训平台。

在内容组织上，要充分发挥大数据的数据特性，准确挖掘幼儿园教师的培训需要。

例如，在新冠肺炎疫情特殊时期，幼儿需要居家，有些幼儿园为了减轻家长育儿压力组织线上视频教学游戏活动。然而，习惯了面对面教育方式的幼儿园教师，对于线上教学游戏没有前期实践经验，在教学组织、随机教育等方面显得力不从心。即使在媒体设备现成的基础上，有些幼儿教师的使用技术也欠缺，操作生疏。类似

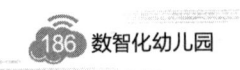

情况通过大数据调查，就能发现幼儿园教师的培训需求就是录课工具的适应方法和视频剪辑的方法。

在工具手段选择上则要充分应用各种新技术和新产品，要依据教师专业发展的目标和需要来合理地选择和组合新的适宜的学习工具和学习手段。例如，针对幼儿园教师线上教学录课和视频剪辑的需要开展培训，使其熟练掌握课程录制方法和视频剪辑方法，以解决实际问题为突破，主动学习和适应新技术应用。

4. 开展精准培训为教师赋能

开展幼儿园教师的录课使用工具方面培训，首先要了解相关录课工具的种类。百度一下，大家就会了解到相关的录课工具种类有很多，例如傲软录屏、金舟录屏大师、爱拍录屏等。然后要介绍录屏软件的功能和使用方法。在培训中，可以选择一种工具进行介绍，例如傲软录屏的功能和方法介绍。

傲软录屏是一款简单好用、应用广泛的录屏软件，可以用于网课教学录屏，支持定时录制、实时编辑、一键导出多种格式，同时提供多种录制模式，比如全屏录制、区域录制、指定录制、计划任务录制等，是老师录课的好帮手。傲软录屏的主要功能有：

（1）编辑视频

支持实时编辑视频录制画面，也支持在录制后，使用高级编辑功能，增加视频特效。

（2）录制摄像头

既可以单独录制摄像头画面，也可以录制画中画效果。

（3）任务录制

傲软录屏支持两种任务录制功能，即电脑屏幕/摄像头定时计划任务录制和跟随录制功能。

（4）转换视频

将录制好的视频，转换为多种格式，如：MP4、AVI、WMV、MOV等。

（5）快速截图

一键屏幕截图，并自动将图片保存到电脑。

（6）高品质录音

支持高品质的录制声卡及麦克风中的声音，允许用户调节音量及自定义音源。

傲软录屏不但功能强大，而且免费下载、使用方便，只需要3步就能轻松录屏，如图7-2所示。[1]

---

[1] 资料来源：傲软录屏，https://www.apowersoft.com.cn/record-screen-pinzhuan?apptype=aps-pin。

图7-2　简单3步轻松录屏

针对幼儿园教师视频剪辑的培训需求，也可以先介绍相关的视频剪辑软件，例如风云视频处理大师、蜜蜂剪辑、迅捷视频剪辑器等，然后介绍其功能和使用方法。在培训中可以选择一种进行介绍，例如风云视频处理大师的功能和方法介绍。

风云视频处理大师是一款新手视频剪辑软件，简单易用，一键剪切、合并、转换，快速分割、配乐、截图，基础剪辑，一应俱全，如图7-3所示。

剪切
分割、删除、合并一气呵成，让每个人都可以享受大师级的流畅剪辑体验

裁剪
精准定位，视频画面一键剪裁，剪掉画面多余或瑕疵部分，避免视频出现黑边现象，零基础也能快速上手

音乐
轻轻一点就能添加BGM，还能为视频提取音频，调整音量和加上淡入淡出效果

图7-3　风云视频处理大师基础剪辑

风云视频处理大师还可以进行视频格式转换，为用户提供MP4、MOV、MKV、FLV等不同的格式，无损超清，如图7-4所示。

转换
为用户提供MP4、MOV、MKV、FLV等多种格式转换，方便快捷

无损
支持视网膜显示屏分辨率剪辑视频，剪辑后可保持原始分辨率

高帧
同步原视频帧数，流畅无卡顿，快速镜头无拖影

图7-4 格式转换，无损超清

风云视频处理大师也是免费下载的，下载后根据一键就可以使用。①

7.2.2 幼儿教师专业能力素养建构

提升幼儿教育的一个重要因素就是提升幼儿教师的专业能力，为提高幼儿园教师专业能力，中华人民共和国教育部2012年颁布出台了《幼儿园教师专业标准（试行）》[2012]1号文件（以下简称

---

① 资料来源：绿色先锋，https://www.greenxf.com/soft/285683.html。

《专业标准》）中明确提出了幼儿教师应该具备的七项专业能力，见图7-5。

环境的创设与利用	建立良好的师幼关系，帮助幼儿建立良好的同伴关系，让幼儿感到温暖和愉悦。建立班级秩序与规则，营造良好的班级氛围，让幼儿感受到安全、舒适。创设有助于促进幼儿成长、学习、游戏的教育环境。合理利用资源，为幼儿提供和制作适合的玩教具和学习材料，引发和支持幼儿的主动活动
一日生活的组织与保育	合理安排和组织一日生活的各个环节，将教育灵活地渗透到一日生活中。科学照料幼儿日常生活，指导和协助保育员做好班级常规保育和卫生工作。充分利用各种教育契机，对幼儿进行随机教育。有效保护幼儿，及时处理幼儿的常见事故，危险情况优先救护幼儿
游戏活动的支持与引导	提供符合幼儿兴趣需要、年龄特点和发展目标的游戏条件。充分利用与合理设计游戏活动空间，提供丰富、适宜的游戏材料，支持、引发和促进幼儿的游戏。鼓励幼儿自主选择游戏内容、伙伴和材料，支持幼儿主动地、创造性地开展游戏，充分体验游戏的快乐和满足。引导幼儿在游戏活动中获得身体、认知、语言和社会性等多方面的发展
教育活动的计划与实施	制定阶段性的教育活动计划和具体活动方案。在教育活动中观察幼儿，根据幼儿的表现和需要，调整活动，给予适宜的指导。在教育活动的设计和实施中体现趣味性、综合性和生活化，灵活运用各种组织形式和适宜的教育方式。提供更多的操作探索、交流合作、表达表现的机会，支持和促进幼儿主动学习
激励与评价	关注幼儿日常表现，及时发现和赏识每个幼儿的点滴进步，注重激发和保护幼儿的积极性、自信心。有效运用观察、谈话、家园联系、作品分析等多种方法，客观地、全面地了解和评价幼儿。有效运用评价结果，指导下一步教育活动的开展
沟通与合作	使用符合幼儿年龄特点的语言进行保教工作。善于倾听，和蔼可亲，与幼儿进行有效沟通。与同事合作交流，分享经验和资源，共同发展。与家长进行有效沟通合作，共同促进幼儿发展。协助幼儿园与社区建立合作互助的良好关系
反思与发展	主动收集分析相关信息，不断进行反思，改进保教工作。针对保教工作中的现实需要与问题，进行探索和研究。制定专业发展规划，不断提高自身专业素质

图7-5 《专业标准》对幼儿教师的专业能力要求

随着科技水平的提高，数字化技术已经在幼儿园得到广泛应用，幼儿教师的专业能力也要跟上时代的发展，在上面七种能力的基础上，应该学会如何把新技术应用在日常教学和管理工作中，我们总结出下列几点。

（1）数字化课程设计能力。因为新技术层出不穷，作为幼儿教师要跟上时代，积极改进教授知识的形式，比如教学活动中应用VR技术，VR技术能够带给孩子身临其境的感受，让教学效果有着质的飞跃，它绝不同于过去一张图片带给孩子的感受，它能够让孩子全方位认识世界，同时孩子可以操控画面，提升参与意识，让孩子成为教学活动的主角。作为幼儿园应该经常组织教师学习新的科学技术，讨论如何将新技术应用在教学中，因为这个问题没有可遵循的经验，它要完全靠我们自己摸索，所以靠大家群策群力，年轻教师发挥自己掌握新技术的优势，老教师发挥自己多年教学经验的优势，大家互相取长补短，共同研发新的教学活动。

（2）熟练使用数字化教学工具的能力。作为幼儿园应该定期为教师做数字化教学培训，让教师熟练使用新的教学工具，比如如何使用VR技术和AR技术，这些培训就像医生的职业培训一样，都需要不断跟随新技术的脚步，让自己能够了解新技术、应用新技术，尤其是老教师，对新生事物接触少，掌握新技术的能力弱，幼儿园的定期培训，能有效提升老教师掌握新技术的能力。

（3）更好利用信息平台，实现信息共享的能力。幼儿园要建立信息平台，一是家园联系平台，老师要经常通过平台与家长联系，

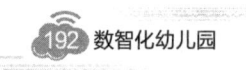

实现家园联系的随机性与随时性；二是幼儿园网页的信息更新，网页上有各个班级的小天地，各班老师应该经常更新自己班级的信息；三是孩子成长记录、幼儿园课程资源库等，这些信息的共享，可以避免信息重复录入，让教师方便对孩子做出综合评价，并共享教学资源。

数字化技术的应用能力是现代化幼师必备的能力，随着智能幼儿园的普及，数字化技术在幼儿教育中的应用会越来越广泛，这自然对幼教工作者提出了更高的要求，需要幼教工作者与时俱进，不断更新自己的知识结构，让自己的教学活动融入更多的新科技元素，提升幼儿园教育的整体水平和教师队伍的整体素质。

幼儿园也要在数字化建设方面积极投入，只有这样，幼儿园才能有实现数智化幼儿园的基础，各级政府也应该加强对幼儿园的支持力度，在幼儿园全面推广和应用数字化技术，促进教师的数字化技术能力的提升。

作为幼教工作者，我们要紧跟科技发展的脚步，不断提升自身能力，做终身学习的践行者和领跑者。

7.2.3 幼儿教师信息素养的培养

2022年3月以后，全国多地发布了自己的教育信息化"十四五"规划，可见国家教育数字化战略开始行动了，它将成为今后教育工作的重点之一。

在实施教育信息化的过程中，幼儿教师信息素养的培养工作将是非常重要的一环，因为教师才是教育信息化落地实施的重要角色。对教师的信息素养的培养应注意以下几方面的问题。

首先，应该形成定期培养计划。因为信息化技术不断发展，教师应该跟上信息化脚步，不断接受新技术培训，才能让自己的教学内容不断更新。同时在培训中注重教师间的交流，形成先进带后进的风气，让大家共同提高。

其次，注重信息技术应用能力的培养。在培训中容易注重信息化教学工具的使用培训，而忽视信息技术与教学内容融合的培训，往往会使用教学工具，却不知道如何在自己教学活动中应用，设计出适合自己的教学课件是幼儿教师非常重要的能力，如果单纯学习教学工具，却不会应用，这样的培训将是无效的培训。在幼儿教师还不能将学到的教学工具应用在教学中时，幼儿园也可以主动引进先进的信息化教学软件，这些软件是研发人员已经研发成功的课件，教师能够很快掌握应用，并将先进的教学课件在自己教学活动中得到应用，在使用这些软件的过程中，逐渐学会自己开发出适合自己教学的课件。

最后，将信息素养纳入考核内容。在幼儿园对教师考核的内容中，加入对教师信息素养的激励和评价，提升教师培训的积极性。

只有幼儿园将教师的培养真正做好，才能推进幼儿园数智化的进程。幼儿教师的信息素养应该体现在三个方面,即智能教学素养、智能教研素养和智能管理素养。如图7-6所示。

图7-6 幼儿教师的智能信息素养

1. **智能教学素养**

根据人工智能与教育的关系,可以将人工智能教学分为人工智能赋能教学和以人工智能为教学对象两个方面。在学前教育阶段,人工智能赋能教学是人工智能教学的主要表现形式,它强调人工智能的技术属性,将VR、AR和虚拟仿真等智能技术应用于幼儿园教育教学之中,主要表现形式则有智能教学活动、智能学习、智能辅导和智能评价等,具有个性化教学、人机协同教学及创设智能教育生态等特征。个性化教学是指人工智能能够通过数据的深度挖掘来让教师精准分析和把握每个幼儿的学习状态和学习特征,进而帮助教师为每个幼儿制定个性化的学习方案,不断增进幼儿的学习体验和提升他们的学习兴趣。人机协同教学是人工智能时代教育发展的必然趋势，人工智能可以帮助教师完成一些常规性的工作，从而使教师可以有更多的时间和精力从事创造性的工作。构建智能教学生态是指教师需要不断转变自身的教学理念与身份角色，基于人工智能来构建新型师生关系和教育共同体，以新的理念和技术来重构幼儿园的育人空间。

2. 智能教研素养

教研素养是彰显幼儿园教师专业发展水平的重要标尺，人工智能时代为幼儿园教师的教研活动提供了全新的时空环境，其在学情分析、评价研究以及智教融合方面对教师提出了新的要求。满足幼儿个性化学习需要是现代学前教育发展的基本理念，它要求教师对教育对象和教育要素进行精准分析，教师也必须借助人工智能和大数据技术来有效发展自身的学情分析研究能力。

教学评价既是幼儿学习过程及结果的重要评价手段，同时也是教师实现专业发展的基本途径。智能教学评价是教师在依托人工智能的基础上对幼儿园教育教学活动进行的全面评价，它不仅体现了教师教学评价理念的革新，同时在评价技术、评价方法和评价过程等方面也体现出鲜明的智能化特征，教师在教研活动中能够进一步明晰人工智能时代教学评价的新内涵、新理念和新要求。

除此之外，人工智能时代幼儿园教师的教研素养还应体现在智教融合上。教育是一门艺术，人工智能则是一门技术，而技术的开发往往基于技术逻辑而非教育逻辑，这就可能使得技术在初始阶段并不一定符合幼儿学习与发展的特点和规律，不能完全服务于教师的教学需求。教师应该通过教研活动来分析研讨如何利用技术优势与教育进行深度融合这一基本问题，通过对技术的认识和调整来创新教育理念和教育模式，从而在解决教育实际问题中不断提升自身的信息素养。

3. 智能管理素养

人工智能为教师的教学组织与管理提供了新的路径和空间，可以为教师应对各种不确定性提供新的保障，幼儿园教师也应该强化利用人工智能进行教学管理的意识和能力。人工智能时代幼儿园教师的智能管理主要体现在协同管理、精细管理、人本管理和风险管理四个方面。协同管理是指人工智能可以在信息感知、获取、分析、处理等方面支持幼儿园教师的教育教学工作，教师也应该充分利用人工智能提高管理效能，将人工智能应用到活动安排、学习记录、问题诊断等各个方面。精细管理是指幼儿园教师要通过人工智能对幼儿的经验水平、学习特征以及学习需要进行精准分析，不断调整教学目标、教学计划、教学手段以满足幼儿学习观战需要。人本管理是指教师在利用人工智能的同时应该坚持以幼儿为中心，关注幼儿的发展需要，让技术成为助力幼儿发展的重要手段。风险管理是指教师在应用人工智能时应该牢固树立风险意识，规范智能技术使用，加强对儿童人身安全及隐私等相关方面的保护，杜绝安全隐患事故发生。

7.3 用人：建立以人为本的用人机制

教师才是幼儿园最应该重视的群体，他们才是幼儿园和孩子之间重要的纽带，只有让教师在工作中发挥自己的主观能动性，才能建设好数智化幼儿园。幼儿园在建立以人为本的用人机制方面容易出现下面这些问题。

第一，缺乏发现人才的机制。在幼儿园管理中，容易忽视教师个体的需求和特点，往往随机分配教师的工作，没有积极发现每个教师的优势，不能做到人尽其才，这样往往容易让教师失去工作积极性，不能在工作中发挥主动性，使他们缺乏积极创新的精神。

第二，缺乏大胆使用人才的机制。在幼儿园的管理中，往往还存在论资排辈的现象，尤其是在建设数智化幼儿园的过程中，应该大胆使用年轻的教师，因为他们接受新鲜事物快，对新技术的应用更熟练，幼儿园应该大胆起用年轻教师，让他们挑大梁，充分发挥他们的优势，让幼儿园的数智化水平得到提升。

第三，缺乏信任人才的机制。幼儿园在使用年轻人的适合，要给予他们充分的信任，只有领导信任他们，他们才能大胆工作，否则他们会畏首畏尾，不敢放手工作；只有领导信任他们，他们才能发挥自主精神，激发自身的创新灵感，否则他们会感觉有才无法发挥，潜力被扼杀了。

第四，缺乏合理的评价机制。幼儿园的评价体系决定着教师的努力方向，如果制定不好，就会影响教师的工作积极性，同时也会让教师单纯应付各种考核，而忽视教学工作。如果幼儿园把建设数智化幼儿园作为发展的目标，那么在评价体系中就应该把数字化手段在教学活动中应用的程度作为教师业务考核的重点，这样教师在平时组织教学活动时会非常积极运用数字化手段，幼儿园也会形成良性竞争的氛围，让幼儿园的教师信息化水平上一个新的台阶。

基于以上问题，幼儿园要想建立以人为本的用人机制可以从以下几方面进行，如图7-7所示。

```
        ┌─── 营造民主的人文环境
幼儿园    │
人本管理 ─┼─── 尊重幼儿教师的主体地位
        │
        └─── 构建合理的用人机制
```

图7-7　幼儿园人本管理

1. 营造民主的人文环境

幼儿园要努力营造一个民主的人文环境。环境对人的影响是潜移默化的，教师置身在一个宽松、自由表达的环境中工作，那么他们的身心是愉悦的，思维灵活性和工作效率都会提升，只有让教师的主观能动性发挥出来，幼儿园的教学水平才能提高，教师们会主动去研究教案，琢磨如何上好每一堂课，思考如何主动更新自己的知识结构，更快跟上科技发展的步伐，在研究新形式的教案时不怕犯错，勇于尝试，只有教师们都能积极进步，幼儿园的教学水平才能提升。如果教师们都畏首畏尾，生怕出错被批评，久而久之就形成了机械做事、毫无创造性的状态。所以，幼儿园要为教师营造一种宽松和谐、民主自由的人文环境，形成一种开放、自由、宽松、合作的教学环境，让幼儿教师最大限度地发挥自己的潜能，探寻新型教学方法，促进个体智慧与集体智慧快速融合，以使教师能更好地适应工作发展带来的挑战。

民主环境就是让教师感觉自己被尊重、被关心，只有在这样的环境中，教师才能有主人翁意识，才能在工作中表现得更积极主动。幼儿园管理者要引导幼儿教师从内心认识到自己的社会使命与职业价值，不断追求教育中的"真、善、美"，成为有专业自觉的教师，让他们看到自身成长进步带来的变化，起到"发展一个，带动一批，辐射一片"的效果。

2. 尊重幼儿教师的主体地位

幼儿教师是学前教育的实施者，幼儿的品德、行为习惯直接受教师潜移默化的影响，幼儿的兴趣、爱好及情感、态度都是在与教师共同生活中逐渐形成的。幼儿园工作中要注重树立以人为本的管理思想，明确教师在管理过程中的主体地位，给予教师信任与支持，集中教师群体智慧，广泛听取有益意见，采纳有利于园所发展的建议；切实调动教师参与教育管理的积极性，发挥教师在教学中的主导作用，积极搭建智能成长平台，幼儿园要让教师感觉到自己在幼儿园的价值所在，让有能力的优秀教师能够被重用，每个教师都能感觉到自己是幼儿园不可缺少的人才。

3. 构建合理的用人机制

要加强队伍培养建设，合理选人用人，既要建立专业岗位人员甄选机制，打造人才岗位资源库，甄别、筛选人才，做好前期储备，还要有建立信息化系统评价机制。管理者根据不同岗位，选用不同专业标准软件收集定量数据进行数据分析，根据教师的最新能力水平，匹配相应的工作岗位，避免由于感性认知导致错误判断。特别是对入职初期教师，要以发展眼光去了解和培养，根据现有能力水平，找出下阶段岗位进步的目标，借助智能系统精准记录教师成长过程，并不断地更新岗位培养模式。比如我们可以给教师画像，这样可以为选拔和培养教师提供依据。

图7-8 为教师画像

在人本管理中，智能系统给予的科学数据诊分析，但是思想引导和情感激励，是依靠幼儿园管理者完成的。要树立正确用人导向，激发教师奋发向上的工作热情，在平时工作中，幼儿园管理者要善于发现教师的特长，在安排工作时注意发挥每个人的长处，激发教师的工作热情,让教师能够在各自的岗位上发光发热。选拔以德为先、能力为重和业绩突出的教师为对象,积极给予想干事的老师会干事、能干事、干成事的机会和条件,只有把人才合理地聚集在一起,让他们发挥各自的特长,优势互补,才能保证为孩子们提供高质量的保育教育,这是促进幼儿园教育有质量发展的重要保障,也是我国在培养幼儿园教师的过程中需要重视和强调的方面。

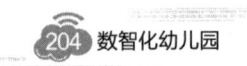

7.4 留人：拴心留人，实现成长增值

人才是幼儿园发展的第一资源，幼儿园引进人才、培养人才还要留住人才，这样才能确保幼儿园可持续高质量发展。幼儿园管理者要树立新的人才观，打造吸引人才的"磁力场"和让人才有施展才华的"大舞台"。具体来说，幼儿园要留住人才，可以从以下几个方面进行，如图7-9所示。

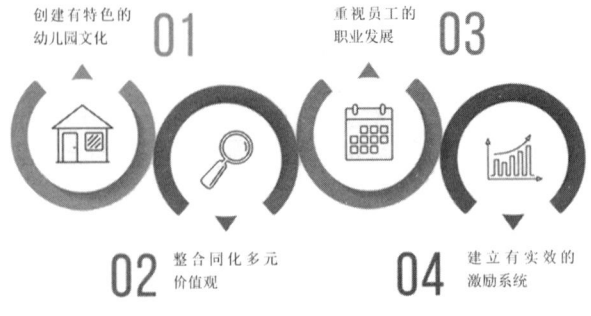

01 创建有特色的幼儿园文化
02 整合同化多元价值观
03 重视员工的职业发展
04 建立有实效的激励系统

图7-9 幼儿园留住人才的方式

1. 创建有特色的幼儿园文化

幼儿园文化能够弥补制度上存在的缺陷。现在，越来越多的幼儿园意识到了幼儿园文化建设的重要性。纵观一些有特色的幼儿园都有自己的文化。例如，北京卫戍区第二幼儿园的文化建设体系：

(1) 管理文化：传承、人本、严谨

军队的优良传统是长期保持和继承下来的优良品质和作风的集中体现，北京卫戍区第二幼儿园（以下简称：二幼）作为一所有着近七十年历史的军队幼儿园，在军队教育影响下，有着能吃苦、肯奉献、讲效率的优良作风。

人本，即以人为本，幼儿园管理的目的归根到底是要促进人的发展，幼儿园要体现以人为本，让教师得到尊重，努力创造和谐的氛围。注重对教师人生观、价值观的正确引导，发挥幼儿园优秀教师、党员教师的先进性，充分认识教师对幼儿性格以及人生的深远影响，在幼儿园营造一个积极上进、爱岗敬业、勤奋奉献的良好园风。

严谨，即在管理上"严"字当头，从严管理就是科学管理，建立最为完善的管理制度、严格落实，加强执行力，严格落实岗位责任制，敢于担当，敢于批评与自我批评，真正培养出素质过硬、执行力强的队伍。

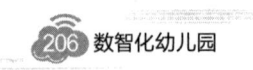

（2）课程文化：健体、自立、润心

园本课程是实现幼儿培养目标最基本的手段，二幼的国防健康运动课程、生活习惯课程、快乐阅读课程，其目标指向就是：健体、自立、润心。

健体，即强健体魄。"完全人格，首在体育"，体育是促进幼儿人格发展的重要途径与对策。二幼的健体课程富有军营特色与国防精神，通过创设丰富的户外环境，组织专业的体能活动、形式多样的学军体育游戏，发展幼儿的身体素质，锻炼幼儿的意志品质。

自立，即自理独立。从自理走向独立，是幼儿成长的标志，也是生活培养的目标。自理是基础，独立是表现。二幼的自立课程主要融合在生活教育过程中，鼓励和引导幼儿自己的事情自己做，学会自我管理，拥有独立的人格。

润心，即润泽心灵。阅读是润泽幼儿心灵、开启幼儿心智最好的方式。二幼的润心课程以阅读活动为主，为孩子打开一个美好的世界，让孩子浸润在其中，获得心灵的滋养。

（3）家园文化：信任、尊重、共建

幼儿教育的成功离不开家园的合作，而合作的前提就是信任与尊重，只有在信任与尊重的基础上，才会产生良好的家园关系。

信任，是家园关系的基础，家长的信任赋予了园所责任，园所的高质量教育是对家长信任最好的回馈。

尊重，是家园交往的准则，只有互相尊重、互相理解、互相担当，家园共育的工作才能顺利实现。

共建，是军队幼儿园的特点。军队幼儿因其生活在军队营区内，军队中有规律的生活、严明的纪律均对幼儿规则意识的养成有着潜移默化的影响。

（4）环境文化：童趣、有序、军体

环境是最重要的教育资源，幼儿是环境的主人，所以幼儿园的环境一定是以儿童的发展为中心的，是充满童趣的，是给人启发的，是和谐美好的。

童趣，体现的是儿童的视角与儿童的审美，让幼儿感觉到有趣是环境创设的基本标准。

有序，整洁有序是军队幼儿园的特点。二幼身处军营，受到军队影响，玩具物品分门别类、摆放有序颇有军队特色。

军体，是指幼儿园环境具有幼儿"军事体育文化"的色彩。军事体育文化作为一种勇敢、无畏、坚强、刚毅、奋进的精神与气质的浓缩，和幼儿园的环境融为一体。

幼儿园文化是内部滋生和沁润的文化，具有幼儿园独特性且不可替代。它是全体成员一点一滴创造出来的活文化，幼儿园管理就是文化的管理，可以说，新时代幼儿园文化建设更注重人文底蕴、责任担当、国家认同、跨文化交往的成长。

2. 整合同化多元价值观

在实际工作中，幼儿园教职工的需求是呈现多元化的，这一现象必然会带来多元化的价值观，如果管理者没有足够的敏锐度发现问题，很可能造成管理过程中人员"各自为政"的混乱状态。智能化管理系统可以帮助幼儿园管理者，通过按需推送信息资源，了解人员的常态工作、阶段考核奖惩情况，在信息分析过程中准确掌握人员的性格特点、态度倾向、成长过程和工作业绩，让不易察觉的隐性部分呈现显性化，减少传统的人为主观推断，增加信息判断的科学合理性。有效地帮助园所在文化建设中增强教职工的文化认同，切实让教职工体会到幼儿园的发展与文化的发展是同步的，教师个人的成长与幼儿园的发展是紧密相关的，只有形成合力将共同的价值观根植于人们心中，落实到具体行为上，这样幼儿园才具有强大的吸引力和凝聚力，教职员工才会更有归属。

3. 重视员工的职业发展

幼儿园的发展离不开人才，人才往往都非常重视自己的职业发展。人工智能时代，获取新知识新技能促进专业成长贯穿于人的整个职业生涯。因此，幼儿园在注重员工职业发展的同时要侧重加强教职工终身学习能力培养，因为学习方式和技术逐渐智能化，拥有更新技术手段、更充足教学资源的幼儿园将会培养出专业性更强、更符合时代发展需要的员工。现今，拥有终身学习能力的普遍是各界的成功人士，因技术和资料获取的渠道速度不同加剧不平等，未来很可能有能力上的分层，所以，幼儿园在保留人才，培养人才等方面要调整策略，转变思维方式要跟紧形势、跟上时代发展，积极规划，主动作为。具体培训方式可以根据幼儿园的特点自行安排，比如利用校园管理平台，每周安排一次新技能讲座，可以让有经验、有想法的年轻教师把自己的教学经验分享给大家。也可以定期举办专题讲座，请园外的专业人员来讲解新技术在教学活动中如何应用。这些讲座都可以提升幼儿园教师的数字化教学技能，让园内形成互相学习、互相帮助的氛围。

4. 建立有实效的激励系统

有效的激励机制是一个动态的发展过程，针对不同时代、不同的个体，其激励方式是不同的。除了共性奖励机制外，幼儿园还要研究有本园特色的奖励机制，探索出适宜不同层次、不同级别教职员工体现自身价值的激励评估方式。目前，在一些学校、幼儿园中引进的人工智能系统助力校园将激励项目落地。例如："为你点赞——增强互动，落地企业文化"的关爱平台，它针对不同场景和需求提供各类激励工具，从教职员工出发，关爱教职员工，激发教职员工，构建和教职员工共生共赢的关爱生态圈。把智能激励系统运用到幼儿园管理中也是大有可为的，试想在手机管理工具中，就

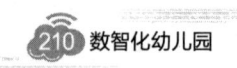

可以构建"园校表彰""我的表彰""立即点赞"等符合本园实际需要的系统项目，还可以查询统计数据，奖励积分随时可关注到教职员工表彰的痕迹，为建立个人成长档案提供数据支持。幼儿园还可以随时更新调整激励项目，让激励系统更加智能，紧跟工作需求，不过时、不过期，帮助教职员工切实体会到来自领导和同事的认可，让他们有获得感，工作中更有幸福感。

参考文献

[1] 21世纪经济报道，出生率下降，幼儿园过剩与短缺并存，民办园发展黄金期要终结？[EB/CL](2022-05-08)https://finance.sina.com.cn/roll/2019-04-30/doc-ihvhiewr9097550.shtml.

[2] 网络通信频道，教育信息化2.0：全面推动教育数字化转型EB/CL](2022-05-18)https://net.it168.com/a2019/0610/5170/000005170089.shtml

[3] 百度，数字化对幼儿园的教育带来哪些变化[EB/CL](2022-06-08)https://zhidao.baidu.com/question/750225654786178852.html

[4] 秦秀丽. 我国民办幼儿园发展趋势研究 [J]. 职业(上半月刊)2019.9

[5] 池涛. 从数字化校园到智能化校园. 信息通信. 2015，（01）

[6] 教育学. 浅谈AR技术在幼儿教育中的应用[EB/CL](2022-06-08) http://wap.qikanvip.com/Article_w_p_45280.html

[7] 顾敬源. 新型未来教室和智能化教室的管理模式创新探究[J]. 公关世界. 2020,(16)

[8] 常晶. 变革时代学前教育尤需坚守质量 [D]中国教育报. 2018.

[9] 路程. 多媒体教学在学前教育中的应用研究 [J]. 内蒙古师范大学学报：教育科学版，2013，26(10)：48-49.

[10] 刘玉平. 数字化互动课程资源在幼儿园教学中的运用 [J]. 当代学前教育，2012(4)：20-22.

[11] 陶建军. 建设数字化幼儿园 共享优质教育资源 [J]. 中国教育信息化，2013(2)：17.

[12] 董钰萍. 宁波市学前教育信息化资源应用现状及策略 [J]. 宁波教育学院学报，2017，19(2)：106-109.

[13] 中共中央办公厅、国务院办公厅. 关于促进移动互联网健康有序发展的意见. 2017(1).

[14] 孙文涛. 增强现实技术在幼儿早期教育中的应用 [J]. 电子技术与软件工程，2017(5).

[15] 熊燕. 培养学生学习兴趣，变"被动学习"为"主动学习"[J]. 读与写，2009(8).

[16] 北京市教育委员会编制. 北京市贯彻《幼儿园教育指导纲要（试行）》实施细则. 同心出版社，2006.

[17] 张燕. 学前教育管理学[M]. 第2版. 北京：北京师范大学出版集团. 2009.

[18] 李韧. 自适应学习：人工智能时代的教育革命 [M]. 北京：清华大学出版社. 2019.

[19] 张东娇. 学校文化管理[M]. 北京：教育科学出版社. 2013.

[20] 李季湄、冯晓霞. 3-6岁儿童学习与发展指南解读 [M]. 北京：人民教育出版社. 2013.

[21] 王雯. 学前教育管理学 [M]. 北京：北京大学出版社. 2014.

[22] 周梅林. 幼儿园工作规程 [M]. 北京：北京大学出版集团.2017.

[23] 关成华、黄荣怀. 面向智能时代：教育、技术与社会发展 [M]. 北京：教育科学出版社. 2021.